L'estime de soi
des 6-12 ans

La Collection de l'Hôpital Sainte-Justine
pour les parents

L'estime de soi des 6–12 ans

Danielle Laporte

Lise Sévigny

Éditions de l'Hôpital Sainte-Justine

Centre hospitalier universitaire mère-enfant

Données de catalogage avant publication (Canada)

Laporte, Danielle

L'estime de soi des 6 – 12 ans

Éd. abrégée et rev.

(Collection de l'Hôpital Sainte-Justine pour les parents)
Version abrégée et rev. de: Comment développer l'estime de nos enfants.

Comprend des réf. bibliogr.

ISBN 2-922770-44-3

1. Estime de soi chez l'enfant. 2. Éducation des enfants. 3. Réalisation de soi. 4. Estime de soi chez l'enfant - Problèmes et exercices. I. Sévigny, Lise. II. Hôpital Sainte-Justine. III. Titre. IV. Titre: Comment développer l'estime de soi de nos enfants. V. Collection.

BF723.S3L362 2002   155.42'482   C2002-940989-6

Illustration de la couverture: Geneviève Côté

Infographie: Nicole Tétreault

Diffusion-Distribution au Québec: Prologue inc.
                           en France: Casteilla Diffusion
                           en Belgique et au Luxembourg: S.A. Vander
                           en Suisse: Servidis S.A.

Éditions de l'Hôpital Sainte-Justine (CHU mère-enfant)
3175, chemin de la Côte-Sainte-Catherine
Montréal (Québec) H3T 1C5
Téléphone: (514) 345-4671 • Télécopieur: (514) 345-4631
www.hsj.qc.ca/editions

Dépôt légal: Bibliothèque nationale du Québec, 2002
             Bibliothèque nationale du Canada, 2002

La Collection de l'Hôpital Sainte-Justine pour les parents bénéficie du soutien du Comité de promotion de la santé et de la Fondation de l'Hôpital Sainte-Justine.

Le masculin est utilisé pour désigner les deux sexes, sans discrimination, et dans le seul but d'alléger le texte.

TABLE DES MATIÈRES

▼

INTRODUCTION

▼

Il existe à l'heure actuelle un engouement certain pour la notion d'estime de soi, sans doute en réaction à la société de consommation qui nous propose trop souvent des valeurs liées à « l'avoir » plutôt qu'à « l'être ». Quelle que soit la cause exacte de cet engouement, il nous démontre que nous sommes constamment en quête de notre identité.

À notre époque, l'estime de soi semble précaire. Pourtant, les parents n'ont jamais été aussi nombreux à s'informer sur la psychologie des enfants, à lire sur l'éducation et à participer à des rencontres sur ces sujets. De plus, il se manifeste chez eux une volonté réelle de vivre en harmonie avec leurs enfants. On note aussi que l'information circule bien et que les groupes d'entraide se multiplient. Alors, que nous manque-t-il ?

Nous avons procédé au cours des dernières décennies à un grand « nettoyage » d'idées et nous avons à peu près tout jeté par-dessus bord. Notre réflexion, qui ne s'appuie plus sur des valeurs dites anciennes, a peine à se traduire en actes. L'absence de moyens pratiques nous empêche d'intégrer des attitudes nouvelles. Or, ce livre a précisément pour but de favoriser le passage de l'idée à l'action et de nous aider concrètement à bâtir l'estime de soi de nos enfants. Ce faisant, nous travaillons également à consolider notre propre estime de soi, ce qui est un bénéfice non négligeable.

Chaque personne a une image d'elle-même, chacun se forge une idée de ce qu'il est. Cette image, qui se construit au fil des ans, n'est jamais acquise pour toujours. Le petit bébé apprend d'abord à connaître son corps grâce aux caresses, aux baisers et à la chaleur de sa relation avec ses parents ou sa gardienne. Protégé, nourri et caressé, il se sent bien dans sa peau et confiant dans ses capacités d'exercer ce corps et de l'habiter pleinement. Des émotions positives et négatives se greffent à ces expériences physiques.

Vers 18 mois, l'enfant entre dans une nouvelle période de sa vie; il bouge, fouille et court depuis un certain temps, mais dorénavant il veut décider, choisir et s'affirmer. «Je suis capable», dira-t-il vers l'âge de 2 ans, quand son langage commence à être compréhensible. Il réclame alors son autonomie. Son estime de soi passe par la capacité de ses parents à le reconnaître comme un individu différent qui, lui aussi, a son mot à dire. La façon d'exercer la discipline, de l'écouter et de l'encourager contribue à lui donner une image de lui-même un peu plus complexe. «Je suis beau, je suis belle; je suis un garçon, je suis une fille; je suis capable d'agir par moi-même.»

L'enfant continue à grandir. Entre 3 et 4 ans, son monde imaginaire prend plus d'ampleur. Les images et les mots se bousculent dans sa tête. Apparaissent alors les peurs ainsi que les stratégies de séduction et de manipulation. L'enfant veut être reconnu dans son identité sexuelle, c'est-à-dire qu'il veut se rapprocher du parent de sexe opposé et faire preuve d'initiative. Il fabule, réinvente la vie dans ses jeux et dans ses dessins. Il le fait de façon égocentrique, parce qu'il n'a pas encore accès à des raisonnements complexes et parce qu'il ne peut se concentrer sur deux choses à la fois. L'enfant a besoin d'être valorisé et reconnu, et cette période est critique pour l'estime de soi. Les paroles et les gestes d'acceptation et de complicité des parents ont une influence immédiate sur l'enfant.

L'entrée à l'école constitue une autre étape. Entre 7 et 8 ans, de nouvelles structures intellectuelles amènent l'enfant à réfléchir, à porter des jugements, à comprendre les règles des jeux, à coopérer et à vouloir apprendre des choses nouvelles. L'âge scolaire marque une étape cruciale. L'image de soi physique et émotive s'enrichit de l'image de soi intellectuelle. Les exigences des parents, de l'école et de la société atteignent l'estime de soi des enfants; il en va de même des pressions exercées pour obtenir de meilleurs rendements, et du manque ou de l'excès de stimulations. De plus en plus de personnes portent des jugements sur lui: parents, amis, enseignants, éducateurs. Les paroles peuvent blesser et même, à la longue, tuer intérieurement l'image positive de l'enfant. Les gestes violents ou la négligence font aussi un tort immense à l'estime de soi des enfants.

La période qui s'échelonne de 6 à 12 ans est capitale pour le développement de l'estime de soi. De nombreuses recherches démontrent d'ailleurs que l'estime de soi est au cœur de la prévention de problèmes comme le décrochage, les difficultés d'apprentissage, la délinquance, l'abus de drogue et d'alcool, ainsi que le suicide.

Il n'y a pas de moyen magique pour s'assurer qu'un enfant possédera une bonne estime de soi tout au long de sa vie. Il est tout à fait normal qu'un enfant ait tendance à se déprécier après avoir connu un échec, après avoir été victime de sarcasmes ou après avoir reçu des réprimandes. Toutefois, les parents doivent agir comme le phare dans la tempête ou, mieux, indiquer à l'enfant la lumière vers laquelle il doit se diriger. Il leur faut donc chercher à devenir des modèles pour leur enfant. Si un parent démissionne devant la moindre difficulté, il ne sert à rien qu'il dise à son enfant: «Je suis certain que tu peux y arriver si tu t'y prends de la bonne façon.»

Avoir une bonne estime de soi, ce n'est pas faire preuve de gentillesse. C'est plutôt avoir conscience de ses forces et de ses faiblesses, et s'accepter soi-même dans ce qu'on a de plus personnel. Cela signifie prendre ses responsabilités, s'affirmer, savoir répondre à ses besoins, avoir des buts et faire ce qu'il faut pour les atteindre. Avoir une bonne estime de soi, c'est se respecter soi-même tout en ayant de la considération pour les autres.

Quand les parents travaillent à développer l'estime de soi de leurs enfants, ils ont comme projet éducatif de leur permettre d'actualiser ce qu'ils ont de meilleur en eux. Peut-on imaginer ce que serait le monde de demain si nos enfants, devenus adultes, menaient leur vie dans le respect d'eux-mêmes et des autres tout en considérant la nature et l'humanité comme un tout indissociable dont il faut absolument prendre soin ?

Chapitre 1

Connaître et reconnaître son enfant

▼

Vous désirez que votre enfant soit bien dans sa peau, qu'il soit satisfait de lui-même et qu'il se réalise pleinement dans la vie.

La quête d'une identité solide s'amorce dès la naissance et se poursuit tout au long du développement de l'enfant. Celui-ci apprend à se connaître d'abord dans le regard que vous portez sur lui. Il est extrêmement sensible à vos réactions et à vos attitudes envers lui.

Vous avez des attentes à l'égard de votre enfant et vous entretenez des rêves que vous souhaitez voir se réaliser. Il n'y a aucun doute que votre enfant intériorise vos attentes. Plus il a l'impression d'y correspondre, plus il se sent aimé et aimable. Et cela a une influence directe sur son estime de soi. Quand votre enfant s'aperçoit que ce qu'il est ou ce qu'il fait vous procure du plaisir, il est heureux et fier de lui-même. Si le contraire se produit, il se déprécie, car il ne se sent pas à la hauteur de ce que vous attendez de lui.

Il est très important que vos attentes soient réalistes et qu'elles correspondent à ce qu'est réellement votre enfant. Celui-ci a besoin d'être considéré comme une personne unique et importante, comme un être à part entière. Il a besoin de sentir que vous l'écoutez, que vous le reconnaissez et que vous l'acceptez. Dès la naissance, il démontre des traits de tempérament qui lui sont propres et il exprime des besoins à combler. En grandissant, il s'affirme et ce processus se fait par étapes. Si vous l'accueillez positivement, si vous l'écoutez et l'accompagnez dans son cheminement, vous lui transmettrez un sentiment irremplaçable de valeur personnelle.

En tant que parent, on apprend au fil des jours à connaître les forces et les limites de son enfant et des soins qu'on lui prodigue pendant le dialogue qu'on engage, les jeux que l'on partage et l'observation qu'on fait de ses attitudes et de ses comportements.

J'ai des attentes réalistes face à mon enfant

Tous les parents ont des attentes face à leur enfant. S'il en était autrement, les enfants ne pourraient ni se projeter dans l'avenir ni avoir des buts dans la vie. Les attentes des parents sont liées à leur propre éducation, à leur désir de réparation et à leurs espoirs secrets. L'important, c'est d'être capable de distinguer le rêve de la réalité.

Prenez donc le temps de vous reporter à la période où vous attendiez votre enfant. De quoi rêviez-vous pour lui ? Comment l'imaginiez-vous ? Comment voyez-vous aujourd'hui votre enfant par rapport à vos rêves d'avant sa naissance ? Quelles sont vos attentes actuelles ? Autant de questions qui ne peuvent que vous aider à bien vivre la réalité avec votre enfant.

CE QUI VOUS SEMBLE LE PLUS IMPORTANT

Vous pensez sûrement à ce que deviendra votre enfant dans une vingtaine d'années. En vous inspirant du tableau suivant, déterminez ce qui vous semble le plus important à réaliser sur chacun des plans mentionnés.

SUR LE PLAN AFFECTIF

- se sentir bien dans sa peau ;
- avoir des liens significatifs ;
- être autonome ;
- être capable d'affirmation de soi ;
- avoir une vie amoureuse épanouie ;
- être généreux ;
- avoir une belle personnalité.

SUR LE PLAN SOCIAL

- réussir financièrement ;
- être populaire ;
- avoir une situation de prestige ;
- être reconnu par ses pairs ;
- avoir une conscience sociale développée ;
- avoir du leadership ;
- avoir une vie sociale active.

SUR LE PLAN INTELLECTUEL

- réussir financièrement ;

- réussir ses études;
- être capable de bien raisonner;
- être inventif;
- être vif d'esprit;
- faire des études avancées;
- faire montre de curiosité;
- offrir un bon rendement dans son travail.

Sur le plan physique

- être actif dans les sports;
- avoir un mode de vie sain;
- avoir une bonne santé;
- être résistant à la maladie;
- être soucieux de son apparence;
- être habile manuellement;
- être capable de compenser ses limites physiques.

Sur le plan moral

- être intègre;
- être franc;
- être honnête;
- être respectueux de l'autre;
- être généreux;
- être ouvert à la spiritualité;
- être juste.

LES HABILITÉS DE MON ENFANT

En vous inspirant du tableau suivant, essayez de mettre en évidence les forces ou les habiletés de votre enfant.

HABILETÉS PHYSIQUES

- dans les sports;
- dans les arts plastiques;
- dans le bricolage;
- dans les tâches quotidiennes.

HABILETÉS INTELLECTUELLES

- curiosité;
- capacité de raisonnement;
- bon jugement;
- capacité d'abstraction;
- bonne mémoire;
- capacité d'analyse.

HABILETÉS CRÉATRICES

- capacité d'utiliser son imagination;
- capacité de manifester son originalité;
- capacité d'être fantaisiste;
- capacité d'invention dans le bricolage.

HABILETÉS SOCIALES

- facilité à se faire des amis;

- capacité de s'affirmer ;
- capacité de partager ;
- capacité de faire des compromis ;
- capacité de perdre.

HABILETÉS INTERPERSONNELLES

- capacité d'écoute ;
- capacité de se mettre à la place de l'autre ;
- capacité de sympathiser ;
- capacité de s'affirmer ;
- capacité de s'exprimer ;
- capacité de demander.

Les parents doivent avoir des rêves pour leurs enfants. Ceux-ci ont alors le sentiment qu'on croit en eux et cela les mène à vouloir se dépasser. Toutefois, ces rêves doivent passer le test de la réalité. Ainsi, un enfant qui est malhabile physiquement aura sûrement tendance à se déprécier si ses parents rêvent de le voir devenir un athlète.

Je souligne les forces de mon enfant

Une bonne façon d'apprendre à souligner les forces de votre enfant, c'est d'imaginer la situation suivante. Vous parlez de votre enfant à quelqu'un de très important pour vous. Comment le décrivez-vous ? À quels aspects accordez-vous le plus d'importance ? Parmi ses forces, lesquelles soulignez-vous ?

J'accepte les limites de mon enfant et je l'aide à voir ses difficultés

On appelle «limite» quelque chose d'insurmontable qu'on doit nécessairement accepter. Par exemple, un enfant paralysé ne peut pas marcher et un enfant âgé de 4 ans ne peut pas raisonner de façon abstraite. Si votre enfant a des limites, il vous faut les accepter tout en l'aidant à les accepter lui-même.

On appelle «difficulté» quelque chose qui empêche l'enfant de progresser. Notons que toutes les difficultés peuvent être vaincues et qu'aucune n'est entièrement irréversible. Par exemple, un enfant hyperactif peut apprendre à se concentrer, même si cela lui demande plus d'efforts qu'à un autre; pour sa part, un enfant gêné peut apprendre à parler en public. Il en va des difficultés comme des limites: le parent doit les accepter et aider son enfant à en faire autant.

Il est important de noter qu'on peut développer une bonne estime de soi malgré l'existence de limites; mais pour cela, il faut les accepter. C'est la même chose dans le cas des difficultés: si on travaille à les amenuiser, on augmente son estime de soi.

LES DIFFICULTÉS DE MON ENFANT

En vous inspirant du tableau suivant, essayez d'identifier les difficultés qu'on retrouve chez votre enfant.

SUR LE PLAN PHYSIQUE

- lenteur;
- inhabileté dans les sports;

- hyperactivité ;
- handicap physique (visuel, moteur, auditif) ;
- maladresses fréquentes ;
- excitabilité ;
- difficulté à dessiner.

SUR LE PLAN AFFECTIF

- tristesse ;
- tendance à accaparer l'attention ;
- anxiété ;
- manque de confiance ;
- peurs ;
- tendance à être colérique ;
- hypersensibilité.

SUR LE PLAN SOCIAL

- retrait ;
- provocation ;
- rejet du groupe ;
- tendance à être le bouc émissaire ;
- contrôle excessif ;
- tendance à se laisser influencer ;
- agressivité.

SUR LE PLAN INTELLECTUEL

- lenteur;

- tendance à être distrait;

- mémoire déficiente;

- faible esprit de synthèse;

- problèmes d'apprentissage;

- difficulté à faire un raisonnement séquentiel;

- motivation scolaire insuffisante.

Je connais les besoins de mon enfant et j'y réponds le mieux possible

Manger, boire et dormir sont des besoins essentiels que vous devez combler pour assurer la croissance de votre enfant. La sécurité et l'amour sont tout aussi indispensables à son épanouissement et au maintien de sa santé. D'autres besoins s'ajoutent au cours de son développement comme les besoins d'appartenance, de stimulation intellectuelle et de réalisation de soi. À ces besoins, il faut répondre le mieux possible.

Voici maintenant une sorte de hiérarchie des besoins. Les **besoins primaires** sont liés aux exigences du développement: besoin de nourriture, de sécurité, d'amour et de stimulation. Les **besoins secondaires** sont liés à des exigences plus sociales: besoin de jouer, d'être en présence de plusieurs enfants, de faire des activités plaisantes. Il y a aussi toute une panoplie de **faux besoins** qui sont créés artificiellement, notamment pour répondre aux exigences de profit des marchands: besoin de vêtements signés, de manger une marque particulière de céréales, d'avoir le plus récent jeu vidéo, etc.

J'écoute mon enfant et je m'efforce de le comprendre

Votre enfant a des goûts (en matière de nourriture, de vêtements, d'activités, d'émissions de télévision, etc.), des désirs, des rêves, des sentiments et une image corporelle de lui-même.

En ce qui concerne les sentiments, il importe que vous preniez l'habitude d'« aller à la pêche » aux sentiments de votre enfant pour lui apprendre à les exprimer. Une bonne façon de le faire, c'est de lui offrir le reflet de ce qu'il ressent. Vous pouvez lui dire, par exemple : « Tu es vraiment fâché, à ce que je vois. » « Je vois que tu es triste d'avoir perdu ton ami. » « C'est vrai que c'est gênant de parler devant la classe. » « C'est énervant pour toi de jouer avec plusieurs amis à la fois. »

Il existe un autre moyen efficace d'aider votre enfant à exprimer ses sentiments. Il s'agit de favoriser le jeu symbolique (jeux de rôle, marionnettes ou figurines) et les arts (dessin, pâte à modeler, bricolage). À l'occasion, participez à ces jeux. Mais faites attention de ne pas porter de jugement esthétique, moral ou autre, et de ne pas diriger le jeu.

Pour sa part, l'image du corps a une influence directe sur l'estime de soi. En général, les préadolescents sont grandement concernés par leur apparence physique et leurs perceptions sont fortement influencées par les critères de beauté véhiculés par la société. Les filles sont notamment préoccupées par la minceur et les garçons, par la grandeur.

Il est important, en tant que parent, de prendre conscience de votre façon de parler et de juger l'apparence physique ou la silhouette de votre enfant. Cela influence directement sa façon de construire son image corporelle.

Aidez votre enfant à avoir une perception réaliste de lui-même et à accepter sa différence. Encouragez-le à s'extérioriser et favorisez la pratique d'activités extérieures : la passivité entraîne souvent une surconsommation d'aliments.

Je montre à mon enfant que je l'aime et que je l'apprécie

Vous devriez prendre le temps de faire savoir à votre enfant qu'il a de l'importance pour vous. Il y a plusieurs façons de manifester son amour à son enfant comme il existe plusieurs types de parents : le type physique (il cajole, embrasse, caresse), le type actif (il prépare un repas spécial, fait le taxi, joue avec l'enfant), le type intellectuel (il félicite, discute des succès, encourage verbalement, moralise), le type généreux (il donne des cadeaux, donne de l'argent, fait des surprises). Pensez au type de parent que vous êtes !

Votre enfant a besoin que vous lui manifestiez concrètement votre affection. Pour cela, vous pouvez vous y prendre de différentes façons. L'important, c'est que votre enfant reconnaisse les manifestations de votre amour. Il y arrivera facilement si vous passez un temps de qualité avec lui.

Un médecin américain, le docteur Russell A. Barkley, invite les parents qui veulent vivre un temps de qualité avec leur enfant à suivre les neuf étapes suivantes :

1. Déterminez deux ou trois périodes de 20 minutes que vous passerez avec votre enfant au cours de la semaine. Ces périodes deviendront des moments privilégiés pour lui.

2. Ce laps de temps doit être consacré exclusivement à votre enfant.

3. Quand arrive le moment choisi, dites-lui : « Voici notre moment. Qu'est-ce que tu aimerais faire ? » La seule activité interdite, c'est de regarder la télévision.

4. Quand l'enfant commence à jouer, détendez-vous. Regardez-le faire pendant quelques minutes et attendez le moment opportun pour vous mêler au jeu.

5. Décrivez à haute voix ce que votre enfant est en train de faire.

6. Ne posez aucune question et ne donnez aucun ordre.

7. À l'occasion, félicitez votre enfant ou faites-lui un commentaire positif. Dites parfois : « J'aime vraiment ça jouer avec toi, j'aime beaucoup ce moment qu'on passe ensemble. »

8. Si votre enfant commence à faire des bêtises, détournez-vous simplement et cessez de le regarder pendant quelques minutes.

9. Intégrez dans votre routine familiale ce moment spécial que vous passez avec votre enfant*.

SAVIEZ-VOUS QUE...

- Vous serez plus sensible à ce que votre enfant pense et ressent si vous arrivez à vous mettre dans sa peau.

- Il est très important pour votre enfant d'être pris au sérieux.

---

* Texte traduit et adapté de BARKLEY, Russell A. *Defiant Children : Parent-Teacher Assignments.* New York : The Guilford Press, 1987. p. 37.

- Les marques d'amour que vous donnez à votre enfant sont une façon tangible de lui exprimer votre appréciation et de développer son amour-propre.

- Votre enfant ressentira rapidement une attitude positive.

- Les enfants dont les parents ont une image négative de soi ont plus de difficultés à se percevoir positivement.

- Accepter son enfant tel qu'il est, c'est le traiter avec dignité.

- Les enfants de 6 à 12 ans accordent beaucoup d'importance à leur apparence physique ; ils sont particulièrement sensibles à l'attrait qu'ils suscitent et à l'appréciation des autres.

- La façon dont votre enfant se perçoit et s'évalue influence ses actes.

- Avoir une estime de soi positive, c'est être capable d'accepter ses limites et ses erreurs.

- L'opinion que votre enfant a de lui-même influence grandement sa propension à réussir et à être heureux dans la vie.

Selon des chercheurs de l'Université de l'Illinois aux États-Unis, la flatterie et les félicitations vides de sens développent le narcissisme tandis que l'appréciation sincère et un feed-back juste et positif consolident l'estime de soi.

Avez-vous de bonnes attitudes envers votre enfant? Vous pouvez le vérifier en vous posant les questions suivantes:

Est-ce que…

- je fais savoir à mon enfant qu'il est une personne importante?
- je me mets parfois à sa place pour mieux le comprendre?
- je connais bien ses besoins?
- je prends le temps d'écouter ce qu'il a à me dire?
- je l'aide à exprimer ses sentiments?
- je l'aide à identifier ses forces?
- je l'encourage à faire face à ses difficultés?
- je lui demande son opinion sur ce qui le concerne?
- je tiens compte de ses goûts?
- je consacre à mon enfant du temps de qualité?

CHAPITRE 2

TRAITER SON ENFANT AVEC CONSIDÉRATION ET RESPECT

▼

Connaître son enfant, c'est accepter de le regarder tel qu'il est, c'est souligner ses forces tout en tenant compte de ses limites. Le connaître vraiment, c'est être attentif à ses besoins, c'est reconnaître ses désirs et ses sentiments. Tout cela demande une capacité d'écoute qu'il n'est pas toujours facile d'avoir et une disponibilité de cœur et d'esprit qui ne se commande pas.

Entre l'idéal et la réalité, il y a parfois un monde. Votre enfant est un être unique qui demande à être traité avec considération et respect. Mais il faut d'abord respecter ses propres besoins et bien organiser la vie familiale pour que règnent la confiance et la sécurité nécessaires au bien-être de tous. En somme, il faut pratiquer une discipline juste et démocratique qui tienne compte de l'âge de l'enfant et des valeurs qu'on veut lui transmettre.

Encourager les bons comportements, ignorer ceux qui doivent l'être, décourager les comportements difficiles en faisant vivre à l'enfant les conséquences de ses actes, chercher des stratégies de résolution de problèmes plutôt que la confrontation, négocier sans encourager l'argumentation excessive et permettre l'expression des émotions dans un cadre acceptable, voilà l'essence de toute discipline.

Le respect passe autant par les paroles que par les actes. Rien n'est plus difficile à vivre que le sarcasme ou le dénigrement : «Tu ne comprends jamais rien, c'est pourtant facile ce problème-là !» Les effets des critiques constantes se manifestent à court, à moyen et à long terme. Sur le coup, l'enfant se rebiffe ou joue à l'indifférent. Plus tard, il ment, se cache et coupe le contact. À long terme, il s'autocritique régulièrement et devient soit inhibé et déprimé, soit provocant et opposant.

Pourquoi, de temps à autre, ne pas faire part à votre enfant de votre appréciation : «Je t'admire, tu continues à faire tes devoirs même si tu les trouves difficiles.» «Tu sais, j'ai remarqué à quel point tu as été gentil avec ta petite sœur.»

Nous voulons tous que nos enfants soient autonomes et responsables. Pour y arriver, il faut créer un contexte favorable à leur épanouissement en limitant les stress inutiles, en préparant les changements inévitables et en leur permettant de faire des choix qui sont à leur mesure. Le fait de donner des responsabilités aux enfants les valorise dans la mesure où il s'agit de choses raisonnables. Nous devons prendre des moyens pour nous assurer qu'ils peuvent assumer de façon valorisante les responsabilités que nous leur confions.

Traiter son enfant avec considération, c'est tenir compte de tout ce qu'il est. Le respecter, c'est créer un climat de plaisir et de confiance et préserver sa fierté.

Je me respecte et je respecte mon enfant

Les individus qui se respectent eux-mêmes ont tendance à respecter les autres. Ainsi, les parents qui ont appris à prendre soin d'eux ont plus de facilité à respecter leurs enfants et à leur apprendre le respect d'autrui.

Respecter ses besoins personnels, c'est notamment prendre un peu de temps pour se gâter, avoir des loisirs personnels, des amis intimes, rester positif envers soi, refuser d'être ridiculisé, de se faire dire des paroles blessantes ou de recevoir des coups.

Comme parent, votre enfant vous fait vivre une gamme complète de sentiments : joie, colère, peur, tristesse, impuissance, solitude, amour, générosité, doute, pouvoir, fierté, fébrilité. Selon les circonstances, selon votre tempérament et votre éducation, vous exprimez ces sentiments sans réserve ou presque, ou bien vous les réprimez ou encore vous les gardez totalement sous contrôle.

 Demandez-vous par quelles émotions (colère, satisfaction, etc.) et par quelles actions (sermonner, encourager, etc.) vous réagissez aux comportements suivants de votre enfant :

- demande de l'argent ;
- demande à se coucher plus tard ;
- pleure ;
- arrive avec un mauvais résultat scolaire ;
- se salit ;
- se chamaille avec les autres ;
- arrive avec un bon résultat scolaire ;
- arrive en retard ;
- vous cache la vérité ;
- vous embrasse ;
- veut vous rendre service ;

- refuse de manger;
- s'éternise sur ses devoirs et ses leçons.

Je reconnais les droits de mon enfant

La Convention relative aux droits de l'enfant de l'ONU* stipule qu'un enfant a le droit:

- **d'être respecté:**

  le droit à une identité propre, à une nationalité, au respect de son intégrité, de ses valeurs et de sa culture;

- **d'être aimé et protégé par sa famille:**

  le droit de vivre en famille, de voir sa famille protégée contre la misère et les conditions de vie difficiles, contre les séparations non désirées (notamment en cas de conflits armés);

- **de vivre dans des conditions décentes:**

  le droit à des conditions de vie saines qui ne menacent pas sa santé et qui favorisent son développement (alimentation, logement, vêtements, etc.);

- **de bénéficier de services pour préserver sa santé:**

  le droit aux services de santé (préventifs et curatifs), le droit à un environnement sain et à des milieux de vie salubres, le droit à des soins et services spéciaux pour toute situation particulière (problème de santé ou déficience) susceptible de restreindre son épanouissement;

---

* Aperçu de la Convention des droits de l'enfant de l'ONU.

- **d'être protégé contre toute forme de violence, d'exploitation ou de discrimination:**

  le droit d'être protégé contre les mauvais traitements qui pourraient lui être infligés, même par les membres de sa famille, contre les châtiments physiques, l'emprisonnement, la détention ou toute forme injustifiée de privation de sa liberté, contre l'exploitation (économique, sexuelle, etc.);

- **de s'instruire et de se développer:**

  le droit à l'éducation primaire gratuite et obligatoire, le droit d'accéder à l'éducation secondaire et post-secondaire, et le droit à différentes formes d'aide pour y avoir accès;

- **de jouer et de se reposer:**

  le droit d'avoir des activités de sport ou de loisirs, le droit au repos, le droit de participer à des activités culturelles;

- **de penser et de s'exprimer:**

  le droit de penser librement, de faire connaître ses opinions en toute sécurité, seul ou en groupe;

- **d'être consulté sur toute question le concernant.**

Votre enfant possède ces droits, mais vous aussi vous avez des droits. En effet, tout être humain a des droits fondamentaux et ceux des parents sont semblables à ceux des enfants. Les parents ont le droit d'être respectés et aimés. Ils ont le droit de vivre dans des conditions décentes et d'avoir recours à des services pour préserver leur santé. Ils ont le droit d'être protégés contre la violence et celui de chercher à se réaliser. Ils ont droit aux loisirs et à une vie de couple satisfaisante. Les enfants et les parents doivent apprendre à respecter leurs droits mutuels.

Pour vous aider à concilier les droits de tous les membres de la famille, nous vous encourageons à :

- définir clairement les droits de chacun ;
- réunir toute la famille pour nommer ces droits ;
- vous entendre tous sur des façons de faire respecter ces droits.

Je sécurise mon enfant

Il est important que votre enfant puisse compter sur vous ; en d'autres mots, qu'il vous perçoive comme une personne fiable. Concrètement, cela veut dire :

- tenir les promesses faites à l'enfant ;
- être d'humeur égale ;
- exercer une discipline à la maison qui ne soit pas influencée par vos humeurs ;
- vous rendre disponible lorsque l'école demande votre collaboration ;
- être certain des décisions que vous prenez ;
- terminer ce que vous commencez ;
- ne pas changer d'idée facilement ;
- persévérer dans vos décisions malgré les difficultés.

Bravo si vous découvrez que vous êtes un parent fiable ! Si vous n'êtes pas tout à fait satisfait de votre niveau de fiabilité, examinez ce qui vous rend instable et prenez des moyens pour remédier à la situation.

Voici quelques attitudes parentales qui aident les enfants à se sentir en confiance :

- limiter le nombre de vos promesses et respecter celles que vous faites ;

- ne jamais proposer de faire des choix que vous n'êtes pas prêt à accepter ;

- ne pas vous laisser influencer par vos humeurs lorsqu'il y a des décisions importantes à prendre au sujet de votre enfant ;

- prendre le temps de réfléchir avant de réagir à un comportement de votre enfant.

Il y a des règles de sécurité physique qu'il faut respecter et faire respecter pour sécuriser son enfant. On peut s'assurer qu'un enfant est en sécurité dans toutes les circonstances en faisant des mises en situation. On le rend ainsi capable de faire face aux dangers possibles (que devrais-tu faire en cas d'incendie, quand la toilette déborde, etc.)? La sécurité affective de votre enfant est également très importante. Ainsi, il importe de préparer votre enfant aux changements que vous voulez apporter à sa routine, par exemple au moment du lever, du coucher, des devoirs, des repas, et de prévoir les événements que votre famille risque de vivre au cours des prochains mois (séparation des parents, déménagement, changement d'école, décès d'un grand-parent, perte d'emploi d'un parent, hospitalisation, visite chez le dentiste, voyage des parents, etc.). Les changements sont souvent des sources de stress qu'il est important de bien évaluer.

LA MESURE DU STRESS CHEZ LES ENFANTS*

STRESS	POINTS
Les parents meurent	100
Les parents divorcent	73
Les parents se séparent	65
Un parent voyage pour son emploi	63
Un membre immédiat de la famille meurt	63
Maladie ou blessure de l'enfant	53
Un parent se remarie	50
Les parents se réconcilient	45
La mère va travailler à l'extérieur	45
Changement de l'état de santé d'un membre de la famille	44
La mère devient enceinte	40
Difficultés scolaires	39
Naissance d'un frère ou d'une sœur	39
Réajustement scolaire	39
Changement de la situation financière de la famille	38

* Adapté de ELKIND, David. *L'enfant stressé : celui qui grandit trop vite et trop tôt.* Montréal : Éd. de l'Homme, 1983.

(suite à la page suivante)

Changement des habitudes de sommeil	16
Changement du nombre de réunions familiales	15
Changement des habitudes alimentaires	15
Changement du nombre d'heures passées devant la télévision	13
Réception d'anniversaire	12
Punition pour ne pas avoir dit « la vérite »	11

Pensez aux événements que votre enfant a vécus au cours des six derniers mois et si le total de points de ces événements dépasse 300 points, il y a de fortes probabilités qu'un changement sérieux se produise dans sa santé ou son comportement. Avec moins de 150 points, votre enfant est dans la moyenne en ce qui a trait au stress qu'il subit et, s'il obtient de 150 à 300 points, il peut présenter certains symptômes de stress.

Les activités physiques (course, randonnée, etc.), de relaxation (détente, massage, etc.), de communication (discussion, lecture, etc.) et les activités créatrices (dessin, marionnettes, etc.) sont des moyens de diminuer le stress de votre enfant. Un exercice de visualisation peut également contribuer à détendre l'enfant.

Dans un premier temps, amenez votre enfant à fermer les yeux, puis dites-lui le texte suivant :

«Tu te couches (sur ton lit, sur le sofa ou sur le tapis). Tu choisis un endroit que tu aimes et où tu te sens bien et

détendu. Tu t'étires les bras et les jambes, comme un chat.
Tu bâilles si tu en as envie. Et puis, tu te sens devenir tout
mou. Ta tête est molle, ton cou est mou, tes épaules, tes bras,
ton ventre sont détendus. Tes jambes sont molles et tes pieds
sont mous.

«Tu vas faire un voyage dans ta tête. Imagine que tu es
à la campagne dans un champ de fleurs. Il fait beau. Il fait
chaud. Les fleurs sont de toutes les couleurs et elles sentent
bon. Les oiseaux chantent. Tu te couches dans l'herbe et,
sous ton corps, tu sens la terre chaude et molle. Un papillon
s'approche de toi. Il est magnifique. C'est un papillon
magique.

«Il te parle. Il te demande si tu veux devenir son ami,
devenir comme lui un papillon tout léger. Tu dis oui et te voilà
devenu un magnifique papillon coloré. Tu veux t'envoler, mais
tes ailes sont lourdes. Tu les regardes et tu vois un petit sac qui
y est accroché. Tu regardes dans le sac. Il est rempli de tous tes
tracas de la journée, des chicanes que tu as eues avec tes amis,
avec tes parents, de tes mauvaises notes à l'école et de toutes
tes peines. Tu décides de te débarrasser de ce sac et tu secoues
tes ailes. Le sac se détache soudainement. Il tombe par terre
et te voilà débarrassé de tes problèmes. Te voilà libre de
t'envoler. Tu en profites pour rejoindre ton ami le papillon et
tu t'amuses à virevolter, à jouer dans les airs. Comme tu es bien
comme ça, sans souci! À la fin, tu retournes au sol où tu rede-
viens un enfant, mais tu te sens toujours aussi léger au dedans.
Tu dis au revoir à ton ami le papillon et tu ouvres doucement
les yeux.»

Cet exercice de visualisation permet à votre enfant de
produire des images qui le détendent. En relaxant son
corps, elles le placent dans un climat de sécurité et libèrent
ses tensions.

J'impose des limites à mon enfant

Les règlements sont nécessaires au bon fonctionnement d'une famille. Ils sécurisent l'enfant. Ils doivent être établis en fonction de son âge et répondre avant tout à ses besoins.

Les règlements de la maison sont formulés en fonction de comportements observables et mesurables que les parents exigent des enfants.

Des recherches ont démontré qu'un enfant de l'âge du primaire peut assumer cinq règles à la fois. En formulant ces cinq règles, il est important de réfléchir aux valeurs que vous voulez transmettre. Il importe également de les formuler de façon positive. En effet, tout ce qui est reçu par l'inconscient l'est positivement. Il est certain, par exemple, que vous allez penser à votre mère si quelqu'un vous dit : « Ne pensez pas à votre mère ! » De même, si on dit à Mathieu : « Ne tire pas les cheveux de Nathalie », vous devinez facilement à quoi Mathieu va immédiatement penser. Il est important de toujours dire ce qu'on veut que l'enfant fasse et non ce qu'on veut qu'il ne fasse pas.

Il faut donc réfléchir aux moyens que l'on choisit pour faire connaître ces règlements à l'enfant, aux moments que l'on choisit pour les mettre en pratique et à la manière de s'y prendre. Après l'avoir fait, on fait le point sur les difficultés rencontrées, les objectifs atteints et les réactions de l'enfant.

Après avoir établi les règlements, il faut s'assurer qu'ils seront respectés. Pour cela, il est préférable que les adultes de la maison s'entendent entre eux sur ces règles et qu'ils prévoient déjà les conséquences positives et négatives qui accompagneront leur application. Le consensus parental aide grandement au respect des règlements de la maison.

Des moyens pratiques

Un **tableau de renforcement** permet de souligner les bons comportements de votre enfant âgé de **5 à 9 ans**.

Il s'agit plus précisément d'un petit calendrier qui a pour but d'encourager l'enfant à modifier un comportement ou à en acquérir un autre.

TABLEAU DE RENFORCEMENT							
COMPORTEMENT	LUNDI	MARDI	MERCREDI	JEUDI	VENDREDI	SAMEDI	DIMANCHE
Exemple: **Je me brosse les dents.** (Le parent demande un comportement facile à adopter et que l'enfant a déjà acquis.)							
Exemple: **Je viens manger quand on m'appelle.** (Le parent demande un comportement moins facile à adopter et que l'enfant observe déjà fréquemment.)							
Exemple: **Je goûte à tous les plats.** (Le parent demande un comportement difficile à adopter, mais il le limite dans le temps et le propose par étapes.)							

On prévoit une petite récompense ou un privilège (se coucher plus tard, par exemple) pour souligner les efforts menant au résultat attendu. On définit le nombre de collants requis pour que l'enfant obtienne à la fin de la semaine cette récompense ou ce privilège. Pour la première semaine, on demande par exemple entre 10 et 14 collants et on augmente le nombre par la suite.

À la fin de chaque journée, les parents regardent le tableau avec l'enfant. Celui-ci a le loisir de placer un collant de son choix dans les cases appropriées afin de marquer ses réussites (il y aura au moins un collant, car le premier comportement est déjà acquis). L'enfant qui a deux collants sur trois appose un collant spécial au bas de la colonne qui correspond à la journée.

Les plus jeunes, ceux et celles de moins de 6-7 ans, reçoivent à la fin de la journée une petite récompense qui leur a d'ailleurs été promise. Tel que convenu au départ, l'enfant qui a trois collants reçoit une récompense plus appréciable que celui qui n'en a que deux. Pour les plus vieux, cela peut avoir lieu la fin de la semaine et la récompense sera encore une fois proportionnelle au nombre de collants, c'est-à-dire de réussites. La récompense doit être relationnelle et non matérielle.

Attention ! Avec les tableaux de renforcement, il ne s'agit pas d'« acheter » les enfants, mais de leur souligner notre fierté de les voir faire des efforts pour s'améliorer. Ces tableaux sont « concrets » comme le sont les enfants ! Ils renforcent l'image positive de l'enfant et aident également les parents à voir ses progrès.

Ces tableaux devraient être faits pour couvrir trois ou quatre semaines. Par la suite, il faut les modifier car ils perdent leur efficacité. De toute façon, ce ne sont que des outils temporaires, des déclencheurs en quelque sorte. Ils servent à souligner les forces de l'enfant et non pas à lui prouver qu'il est un « incapable ».

À retenir :

- l'objectif doit être réalisable ;
- ce tableau doit encourager l'enfant à s'améliorer et ne pas devenir une cause de disputes ;

- quand un comportement est bien intégré, il devient une routine de vie.

Avec les enfants de **plus de 9 ans**, on peut omettre les collants et passer un petit contrat, comme par exemple un **contrat familial sur les tâches ménagères.**

CONTRAT FAMILIAL SUR LES TÂCHES MÉNAGÈRES

Membre de la famille	Tâche	Encouragement prévu	Conséquence prévue
_____	_____	_____	_____
_____	_____	_____	_____
_____	_____	_____	_____

Il est parfois préférable d'ignorer les comportements agaçants des enfants (votre enfant, après s'être couché, vous demande à plusieurs reprises et sous différents prétextes de venir dans sa chambre, etc.), si ce ne sont pas des comportements dangereux. Ceux-ci trouvent alors des moyens plus positifs d'attirer l'attention.

Dans la vie, nos comportements ont inévitablement des conséquences sur nous-mêmes et sur les autres. Un enfant doit apprendre à assumer les conséquences de ses actes. Pour faire réfléchir l'enfant, les parents peuvent lui montrer quelles sont les conséquences naturelles ou logiques d'un mauvais comportement.

Une conséquence **naturelle** est directement liée à un comportement donné. Ainsi, l'enfant qui renverse son verre de lait doit essuyer son dégât.

Une conséquence est dite **logique** quand elle est conforme au bon sens et raisonnable. Par exemple, l'enfant qui arrive en retard pour le souper perd son privilège de sortir après le repas.

La conséquence doit suivre rapidement le comportement dérangeant. On doit l'expliquer brièvement à l'enfant et ne pas oublier que c'est le comportement que l'on n'aime pas, et non l'enfant.

Je traite mon enfant avec considération

Il est important que vous trouviez un moment dans la journée pour être simplement à l'écoute de votre enfant. Être à son écoute, c'est prendre le temps de s'asseoir avec lui et d'écouter ce qu'il a à dire sans le juger ni le réprimander.

Les paroles ont un grand impact sur l'estime de soi d'un enfant. Il faut donc surveiller la façon dont on lui parle :

- utiliser des mots d'amour et des petites phrases tendres pour l'encourager ;
- avoir des gestes d'affection ;
- ne jamais utiliser des mots ou des gestes qui peuvent le blesser.

SAVIEZ-VOUS QUE...

- Les enfants se sentent sécurisés lorsqu'on leur fixe des limites.
- Les règlements sont nécessaires au bon fonctionnement de tout groupe social, incluant la famille.

- Les règlements doivent être établis en fonction de l'âge des enfants. Et il faut tenir compte, d'abord et avant tout, de leurs besoins.

- Après avoir établi les règlements, il est important que les adultes de la maison prévoient les conséquences qui en découlent, positives ou négatives. Il faut s'assurer, de plus, que les règlements sont respectés et que chacun assume les conséquences de ses gestes.

- Les parents sont les premiers modèles pour leurs enfants.

- Une relation aimante est à la base de toute discipline.

- Dans les périodes de crise, l'enfant doit constater que l'amour de ses parents n'a pas diminué. Il apprend ainsi à garder sa confiance en lui, malgré les difficultés qu'il rencontre dans la vie.

- Un enfant se sent davantage valorisé si l'on apprécie ses efforts plutôt que de le louanger.

- Dans *Le défi de l'enfant*, R. Dreikurs note que « l'encouragement est l'aspect le plus important de l'éducation des enfants, au point que son absence peut être considérée comme la cause essentielle de la mauvaise conduite. Un enfant qui se conduit mal est un enfant découragé. »

- Des chercheurs ont constaté que les parents capables de reconnaître les émotions de leurs enfants et de les inciter à avoir une vision plus positive d'eux-mêmes préviennent les problèmes de comportement.

**Avez-vous de bonnes attitudes envers votre enfant?
Vous pouvez le vérifier en vous posant les questions
suivantes:**

Est-ce que…

- je respecte les besoins de mon enfant?
- je lui parle avec respect?
- je m'interdis d'utiliser des mots blessants
  en lui parlant?
- je lui demande régulièrement son opinion?
- je tiens compte de ses choix?
- j'évite de disputer ou d'intimider mon enfant
  en présence de ses amis?
- j'évite de le critiquer inutilement?
- j'impose des règlements clairs?
- j'encourage les bons comportements?
- j'assure sa sécurité physique et affective?

Chapitre 3

Intégrer son enfant dans la famille, le groupe, la société

▼

Votre enfant a un besoin fondamental d'être en relation avec les autres, de se relier à autrui. Ce besoin augmente au fur et à mesure qu'il grandit et qu'il découvre le monde qui l'entoure. Grâce à l'amour que vous lui portez, il se sent reconnu, accepté, traité avec considération et, à son tour, il devient capable d'aimer les autres. Si vous portez attention à votre enfant et si vous lui accordez une juste place, il se sentira vraiment intégré au groupe familial et il développera les sentiments de sécurité et de confiance qui lui sont nécessaires pour aller vers les autres.

Le sentiment d'appartenance s'acquiert d'abord au sein de la famille. De là l'importance de la cohésion familiale, de la création de liens étroits entre les membres de la famille. Des liens se tissent par l'histoire familiale, par les traditions auxquelles on adhère, par les projets communs et par l'entraide.

C'est dans le contexte familial que l'enfant s'initie à la vie de groupe. Accompagné et soutenu, il arrive à dépasser son égocentrisme et à tenir compte des autres. Il apprend à communiquer, à défendre son opinion, à respecter les règlements établis, à assumer ses responsabilités et à partager. Pour l'enfant, les relations qui se vivent au sein de la fratrie sont, en ce sens, une occasion privilégiée de résoudre des conflits de rivalité et de compétition. Grâce à une vie familiale harmonieuse, votre enfant arrivera graduellement à développer dans son rapport avec les autres une capacité d'empathie ainsi qu'un sens de l'équité et de la réciprocité. Il fera plus facilement l'apprentissage de l'amitié si vous l'y encouragez.

Il est important de permettre à votre enfant de vivre des expériences diverses en dehors de la maison. En ayant des amis, en participant à des groupes de loisir et en posant des gestes gratuits, il découvrira le plaisir de se sentir utile et apprécié, et il sera fier de lui. Tout cela améliorera sa propre estime.

J'offre à mon enfant de vivre d'étroites relations familiales

On bâtit des relations familiales étroites tout au long de sa vie : elles sont au cœur de notre passé et de nos souvenirs, elles forment souvent l'essentiel du présent et des activités que nous pratiquons, et elles s'insèrent fortement dans nos projets d'avenir.

En vous aidant de votre album de photos, vous pouvez repasser avec votre enfant chacune des étapes de votre vie familiale. Il est primordial que votre enfant connaisse son histoire et celle de ses parents, même si, aujourd'hui, il fait partie d'une famille monoparentale ou reconstituée. En faisant cette petite expérience, essayez de susciter des réactions émotives chez votre enfant (joie, peur, colère, tristesse). Ne portez pas de jugement sur ses émotions et acceptez-les comme elles sont.

Si vous avez un album du genre « Mon premier livre d'or » ou « Mon bébé », regardez-le avec lui en commentant sa naissance et son développement de même qu'en vous attardant sur les aspects positifs. Si vous n'avez pas d'album, faites appel à votre mémoire.

L'ARBRE GÉNÉALOGIQUE DE VOTRE ENFANT

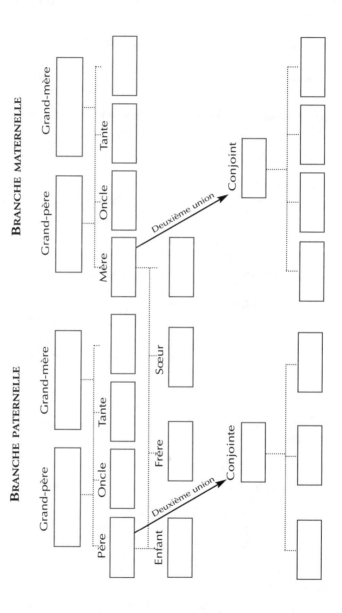

Pour vous aider à tisser des relations familiales étroites, il vous faut choisir avec votre enfant des activités familiales agréables pour tous et voir à ce que chacun ait des tâches dans la réalisation de cette activité.

Afin de créer davantage de liens entre les membres de la famille, il est important d'encourager votre enfant à participer à l'organisation de certains projets familiaux. Nous savons aujourd'hui à quel point il est difficile de planifier des moments quotidiens de rencontre familiale. Pourtant, ces moments sont nécessaires pour qu'il y ait une cohésion dans la famille.

Donnez-vous donc comme priorité de réunir tous les membres de votre famille au moins trois fois par semaine, en tenant compte de l'âge de vos enfants et de vos contraintes. Ces périodes doivent être propices au dialogue et à la détente. De toute évidence, l'heure des devoirs et des leçons n'est guère propice à ces rencontres ; en revanche, la période qui suit le bain l'est beaucoup plus et peut être l'occasion de faire la lecture d'une courte histoire ou de rire ensemble. Le plaisir est essentiel à cette activité.

En vous inspirant de la liste suivante, faites un bilan des projets familiaux conçus et réalisés au cours de la dernière année.

- déménagement ;
- fête particulière (anniversaire, Noël, etc.) ;
- voyage ;
- intégration d'une nouvelle personne dans la famille (conjoint, grand-parent, adoption, etc.) ;
- vacances ;

- achats planifiés par la famille ;
- loisirs (pique-nique, sorties, etc.) ;
- projet collectif (tournoi, projet social, etc.) ;
- activités sportives.

J'aide mon enfant à s'intégrer dans un groupe

Le rang qu'on a occupé soi-même dans la famille et les rôles qui y étaient associés (leader, victime, consolateur, bouc émissaire, modèle, conseiller, protecteur, soutien, négociateur, etc.) influencent la façon dont on réagit comme parent aux conflits que nos enfants ont entre eux.

La relation fraternelle permet à vos enfants de faire l'apprentissage de la socialisation.

Si vous avez plusieurs enfants

Vous pouvez leur proposer d'organiser entre eux une activité familiale (un jeu, une pièce de théâtre, un déjeuner spécial…).

Pour les aider, expliquez-leur que leur projet doit :

- être décidé à l'unanimité ;
- être facile à réaliser ;
- permettre à tous les enfants d'y participer.

Voici d'autres façons de favoriser l'harmonie dans la fratrie.

Au moment où un conflit éclate entre vos enfants

Arrêtez-les et dites-leur : « Je vois qu'il y a un problème entre vous, qu'est-ce qui se passe ? » Laissez-les s'expliquer à tour de rôle, puis demandez-leur de trouver ensemble une solution. Dites-leur que vous quittez la pièce et que vous reviendrez dans cinq minutes pour constater leur entente. À votre retour, si le conflit est résolu, félicitez les enfants. Si la chicane se poursuit ou s'amplifie, séparez-les et, s'il y a lieu, confisquez l'objet du conflit sans dire un mot.

Traitez chaque enfant comme un être différent

De nombreux parents veulent tellement éviter les rivalités qu'ils établissent une justice égalitaire et sans faille.

Ainsi :

- quand ils achètent un chandail à l'un, ils font de même pour l'autre ;

- quand ils donnent une surprise à l'un pour ses résultats scolaires, ils en donnent une à l'autre ;

- ils couchent tous les enfants à la même heure malgré le fait que l'un a 9 ans et l'autre, seulement 4.

La justice distributive est plus difficile à gérer, mais elle a l'avantage de reconnaître que les enfants sont tous aimés pour ce qu'ils sont et en fonction de leurs besoins et de leurs personnalités respectives.

Imposez des règles claires de vie en commun

Les enfants apprennent d'abord la vie en commun par imitation. Si les parents coopèrent, s'ils partagent les tâches, s'ils discutent et savent s'affirmer, ils aideront leurs enfants à respecter les autres membres de la famille.

Récompensez l'harmonie plutôt que la chicane

Lorsque les enfants sont calmes, les parents ont tendance à marcher sur la pointe des pieds pour ne pas briser ce moment magique. Mais quand ils sont tannants, ils interviennent de façon massive. Les enfants apprennent donc qu'ils doivent être tannants pour obtenir de l'attention. Quand les enfants s'entendent bien, soulignez votre contentement tout en mettant en évidence leurs stratégies gagnantes.

Si vous n'avez qu'un seul enfant

Comme c'est le cas pour un nombre de plus en plus grand de familles, il est important que votre enfant apprenne à avoir des rapports sociaux et, pour cela, qu'il ait des relations significatives avec d'autres enfants. Observez-le, tentez de trouver les moyens qu'il a développés pour éviter un trop grand isolement, assurez-vous qu'il a des amis proches et qu'il les côtoie régulièrement et que, de façon générale, il est en contact avec d'autres enfants, qu'il coopère avec eux et apprend à partager.

La manière dont vous vous comportez vous-même sert souvent d'exemple à votre enfant. Votre façon d'être ou de vous comporter en société influence sûrement la vie sociale de votre enfant.

 Réfléchissez à votre vie sociale en vous posant les questions suivantes :

Est-ce que…

- je m'isole ?

- je désire diriger le groupe ?

- je me mêle facilement aux autres ?

- je me sens rejeté par les autres ?

- je suis présent mais gêné ?

- j'ai du plaisir à participer ?

- je suis mal à l'aise ?

- je suis apprécié ?

- j'occupe une place de leader, de médiateur, de conseiller, de bouc émissaire, de bouffon, etc. ?

Il est parfois difficile de reconnaître que notre enfant a une perception des autres qui est différente de la nôtre.

Ce que nous disons à notre enfant par rapport aux autres — amis, voisins ou enseignants — favorise ou retarde son insertion sociale.

Une bonne façon d'aider notre enfant à développer un sentiment d'appartenance, c'est de lui permettre de participer à des activités avec d'autres enfants, de l'encourager à faire partie d'un groupe et d'échanger avec lui sur ce qu'il y vit.

Vous constaterez parfois que votre enfant éprouve de la difficulté à vivre en groupe. Les causes peuvent être multiples : crainte de s'affirmer, timidité, difficulté à partager, agressivité, difficulté à perdre ou à négocier, besoin de tout décider, passivité, etc. Vous n'avez pas le pouvoir de changer rapidement cette situation. Par contre, il vous appartient d'aider votre enfant à développer ses habiletés sociales.

Il est important de connaître le degré d'agressivité de votre enfant lorsqu'il est en contact avec d'autres enfants. Ce degré est-il...

Faible

Votre enfant est de type victime :

- non agressif ;

- souvent la cible de l'agression des autres ;

- craignant le contact physique ;

- doutant facilement de lui-même ;

- craignant le rejet ;
- n'affirmant pas ses opinions ;
- ne se défendant pas devant l'injustice ;
- ayant peur de prendre des initiatives.

Modéré

Votre enfant est de type affirmatif :

- manifestant une confiance adéquate en lui-même ;
- capable de se défendre ;
- ne cherchant pas la bagarre sans raison ;
- ne se laissant pas entraîner par les autres ;
- capable de supporter la confrontation ;
- se permettant de prendre des initiatives ;
- s'intégrant bien aux autres enfants ;
- protestant quand il y a une injustice.

Fort

Votre enfant est de type agresseur :

- ayant une confiance exagérée en lui-même ;
- déclenchant souvent une bagarre ;
- se sentant rapidement menacé par les autres ;
- ayant besoin de dominer les autres ;
- aimant la violence ;
- cherchant facilement à intimider les autres ;
- manifestant peu de sensibilité dans son rapport aux autres ;
- plutôt impulsif dans ses réactions.

Les enfants qui font preuve de beaucoup d'agressivité sont incapables d'établir des relations amicales, d'exprimer leurs sentiments ou de faire connaître leurs besoins. Ils sont peu sensibles aux réactions des autres.

Les enfants qui démontrent très peu d'agressivité ont également de la difficulté à s'affirmer adéquatement. Ils craignent la confrontation, ils souffrent d'insécurité dans leurs relations sociales et ont tendance à être passifs et soumis.

Il est important que vous aidiez votre enfant à mieux connaître ses sentiments. Cela lui permettra de comprendre certaines de ses réactions dans sa relation avec les autres. Il doit apprendre à s'affirmer adéquatement.

J'aide mon enfant à devenir généreux

La générosité est cet élan qui nous porte à aider, à partager ce que l'on possède, à faire plaisir et à pardonner. Elle est à la base d'un engagement plus profond envers les autres.

Chez l'adulte, la générosité peut se traduire par le fait de rendre service aux autres (famille, voisin, communauté, amis), de faire du bénévolat, etc. Il est important de mettre l'enfant au courant de ces activités ; c'est une des façons de lui apprendre à rendre service, à vivre le partage et le geste généreux.

L'enfant n'est pas naturellement généreux. Il doit passer d'une vision égocentrique du monde à une vision altruiste. Voici quels sont les principaux signes d'égocentrisme chez l'enfant :

- son attention est centrée sur son propre point de vue et sur ses perceptions immédiates ;

- il a de la difficulté à percevoir et à considérer les besoins ou les points de vue des autres ;

- il a tendance à projeter sur les autres la responsabilité de ses erreurs ou à mettre la faute sur les circonstances;

- sa pensée est rigide, c'est-à-dire qu'il a de la difficulté à nuancer ou à mettre en doute ses opinions;

- il a tendance à porter des jugements à partir d'un seul aspect de la réalité;

- il fait des généralisations à partir d'un seul élément ou d'une seule perception;

- il est insensible à ses propres contradictions;

- il a des comportements sociaux stéréotypés;

- il ne fait aucune autocorrection de sa conduite et de ses comportements;

- il n'utilise fréquemment, face à une difficulté, qu'une seule stratégie.

Il importe donc de développer chez votre enfant l'empathie, c'est-à-dire la capacité de se mettre à la place de l'autre, et l'altruisme, c'est-à-dire la capacité d'agir généreusement avec les autres.

Le véritable altruisme implique le respect de soi:

- pour être capable de donner, il faut avoir reçu;

- donner sans qu'il y ait un retour entraîne du ressentiment, de l'épuisement et un sentiment d'impuissance;

- savoir donner, c'est aussi savoir demander;

- donner ne veut pas dire s'oublier, mais penser aussi à l'autre;

- il faut faire attention, car donner peut s'avérer pour certains enfants un moyen « d'acheter » leurs amis. On doit être valorisé pour ce qu'on est et non pour ce qu'on a.

SAVIEZ-VOUS QUE...

- Les enfants qui ont développé avec leurs parents un attachement empreint de sécurité sont plus habiles dans leurs relations sociales et davantage capables de s'affirmer.

- Une représentation négative de soi et des autres est fréquemment associée à une inadaptation sur le plan social et à une mauvaise position dans le groupe.

- Des recherches ont établi que les enfants ayant un handicap physique développent une meilleure estime d'eux-mêmes lorsqu'ils sont en contact régulier avec des enfants en santé.

- « Nous plantons nos premières racines et les plus fermes dans le terrain de la famille et de la maison; celles-ci nous ancreront alors dans la vie, renforceront notre sécurité et nous permettront d'affronter avec succès les adversités de l'existence. » (Bruno Bettelheim)

- « L'amour est indispensable pour la survie et la croissance de vos enfants, pour qu'ils acquièrent le sens de l'appartenance : l'appartenance à eux-mêmes en premier lieu, puis à leur famille et à leur milieu, et enfin à l'univers tout entier. » (Wayne W. Dyer)

- L'image que l'enfant se fait de lui-même conditionne en grande partie son adhésion au groupe.

- « Les enfants ont un besoin vital d'apprendre à se mesurer à d'autres enfants, d'expérimenter les épreuves et les erreurs qui sont le lot des amitiés naissantes. » (Ellen Peck)

- « C'est à travers les luttes fraternelles (verbales ou physiques) que frères et sœurs apprennent les vertus d'une saine agressivité. » (R. Bélanger)

- « La relation fraternelle favorise le développement de l'affectivité et de la compréhension d'autrui. » (R. Bélanger)

Entre 7 et 12 ans, l'influence parentale ne suffit plus pour permettre à l'enfant d'acquérir le sens de la coopération, de la réciprocité et pour qu'il apprenne à assumer des responsabilités face aux siens.

Avez-vous de bonnes attitudes envers votre enfant ? Vous pouvez le vérifier en vous posant les questions suivantes :

Est-ce que…

- je prends le temps de parler à mon enfant de son histoire familiale ?

- j'adhère à des traditions familiales ?

- j'implique mon enfant dans des projets familiaux ?

- je donne à mon enfant du feedback positif pour sa participation à la vie familiale ?

- je procure à mon enfant du soutien pour l'aider à résoudre ses conflits avec la fratrie ?

- j'apprends à mon enfant à partager ?

- je l'incite à voir des amis ?

- j'encourage mon enfant à participer à des activités extérieures ?

- je lui apprends la générosité ?

- je l'encourage à rendre service aux autres ?

CHAPITRE 4

FAIRE VIVRE DU SUCCÈS À SON ENFANT

▼

Un enfant qui réussit à l'école est très fier de montrer son bulletin. Mais ce qui le rend fier par-dessus tout, c'est la réaction de son entourage. Ainsi, quand son enseignante le félicite, il se sent très valorisé. Si ses parents, en plus, expriment ouvertement leur fierté et le récompensent, il se met alors littéralement à flotter sur un petit nuage. Le bonheur qu'il ressent est proportionnel au plaisir qu'il a suscité chez ceux qu'il aime.

Cette sensation de fierté intérieure peut survenir aussi bien après une partie de football ou un spectacle de danse qu'à la suite de la remise d'un bulletin. Elle sert en quelque sorte à l'enfant de coussin protecteur contre les échecs qui surviennent inévitablement dans sa vie.

S'il est vrai qu'un enfant ne peut pas connaître constamment des réussites, il est néanmoins nécessaire qu'il en vive de temps à autre. Il est également important de savoir que plus l'enfant éprouve de difficultés dans un domaine, plus il doit connaître des succès ailleurs. Là est le drame, par exemple, des enfants qui éprouvent des difficultés d'apprentissage et qui ne se découvrent pas de talents particuliers.

Comment un enfant dont les parents sont déçus peut-il prendre le risque de les décevoir à nouveau ? N'est-il pas normal qu'il se considère avec sévérité si son entourage le juge d'une manière sévère ? Que peut-il lui arriver de pire sinon de ne plus vouloir « essayer » par peur de l'échec ? Dans ces conditions, peut-il changer la mauvaise opinion qu'il a de lui-même ou ne demeure-t-il pas convaincu de sa piètre valeur ?

Vous pouvez encourager votre enfant à courir des risques, à faire des essais et à changer de stratégie ; le guider, en d'autres mots, vers le succès. Même les échecs peuvent être perçus comme une leçon de vie, comme des étapes à franchir. En aidant votre enfant à diversifier ses intérêts et à rechercher ses propres talents, vous l'amenez à faire preuve de créativité et vous lui permettez d'acquérir cette ouverture d'esprit qui lui sera nécessaire dans la poursuite de ses objectifs.

J'encourage l'autonomie de mon enfant

Il est important que vous favorisiez l'autonomie de votre enfant par vos attitudes à son égard. Voici quelques-unes de ces attitudes positives qu'il est souhaitable que vous adoptiez :

- permettre à l'enfant d'assumer seul la plupart de ses routines quotidiennes ;
- le faire participer aux tâches ménagères ;
- lui confier des responsabilités dans la maison ;
- lui manifester votre confiance dans sa capacité de s'organiser seul ;
- lui dire parfois de se débrouiller seul et qu'il est capable de le faire ;
- lancer parfois des défis à l'enfant.

Au contraire, d'autres attitudes nuisent à l'autonomie de l'enfant :

- avoir tendance à surprotéger l'enfant ;

- répéter constamment les consignes ;
- vouloir que l'enfant raconte tout ;
- superviser constamment les activités de groupe de l'enfant ;
- assister constamment aux activités parascolaires de l'enfant ;
- avoir de la difficulté à le laisser fonctionner à sa façon ;
- avoir tendance à régler vous-mêmes les conflits entre vos enfants ;
- vous inquiéter quand l'enfant est loin de vous ;
- aller souvent à l'école pour tenter de régler des conflits ou des problèmes d'apprentissage ;
- être plus sévère que la majorité des parents des amis de votre enfant.

L'autonomie de mon enfant

Si vous prenez le temps d'observer votre enfant, vous aurez une bonne idée de son autonomie. Voici quelques éléments pour vous guider dans votre évaluation :

À LA MAISON

- Il se brosse les dents.
- Il s'occupe de son hygiène personnelle.
- Il fait son lit.
- Il dessert la table.
- Il participe aux tâches ménagères.
- Il assume ses responsabilités.
- En mon absence, il se débrouille seul.
- Il va chercher ce dont il a besoin.

- Il arrive parfois à s'occuper d'un plus jeune.
- Il prend soin de ses animaux.
- Il accepte facilement de se faire garder.
- Il offre son aide.
- Il demande de l'aide au besoin.

Durant les loisirs

- Il prend l'initiative d'appeler ses amis.
- Il a souvent de bonnes idées pour s'occuper.
- Il propose des jeux aux amis.
- Il trouve des moyens pour se dépanner.
- Il a toujours le goût d'essayer quelque chose de nouveau.
- Il est capable de défendre son idée en groupe.
- Il est sûr de lui.
- Il peut se défendre.

À l'école

- Il prend l'initiative de faire ses devoirs et ses leçons.
- Au besoin, il demande de l'aide.
- Il est capable de poser des questions en classe.
- Il demande de l'aide seulement après avoir essayé de trouver une solution.
- Il a des idées personnelles qu'il exprime à l'occasion de projets scolaires.
- Il se rend seul à l'école.
- Il travaille seul à son bureau.
- Il termine ses travaux à temps.

De façon générale, il est difficile de protéger son enfant tout en lui laissant de l'initiative et, par le fait même, en encourageant son autonomie. Dans ce domaine, il existe trois types de parents :

Type 1 - Les parents surprotecteurs

Marie et Paul ont un fils de 6 ans, Bruno. Ce sont des parents inquiets. Bruno est actif et curieux, mais ses parents craignent souvent qu'il se blesse, qu'il échoue à un examen ou qu'il ait de la peine lorsqu'il vit des conflits avec ses amis. Souvent, malgré eux, ils le surveillent de près et, la plupart du temps, ils règlent les problèmes à sa place.

Il y a fort à parier que l'enfant prend peu d'initiatives.

Type 2 - Les parents très permissifs

Antoine et Valérie ont trois enfants âgés de 7 à 12 ans. Ils croient en l'importance de permettre aux enfants de faire leurs expériences et ils interviennent rarement pour encadrer leurs enfants.

L'enfant fait preuve d'initiatives, mais ce n'est pas toujours constructif.

Type 3 - Les parents capables de mettre des limites tout en respectant l'autonomie

Julie et Philippe ont deux filles âgées respectivement de 5 et 10 ans, à qui ils veulent inculquer le sens des responsabilités. Les fillettes doivent assumer plusieurs tâches et il leur arrive souvent de devoir s'organiser seules pendant que les parents sont occupés.

L'enfant fait preuve d'autonomie en toute sécurité.

Il faut toujours se souvenir qu'un enfant devient tendu et anxieux :

1) s'il ne peut jamais faire de choix ;

2) s'il doit en faire trop souvent.

Les choix qu'on lui offre doivent être réalistes et tenir compte de son âge. Pour un enfant, l'exercice de la liberté consiste à faire des choix dans un cadre que les parents délimitent eux-mêmes. Par exemple, un enfant de 6 ans peut choisir de faire ses devoirs avant ou après le souper, mais il ne peut pas choisir de ne pas les faire.

LE CHOIX DES ACTIVITÉS PARASCOLAIRES

Il faut déterminer quelques critères dont vous tiendrez compte quand votre enfant aura une ou plusieurs activités parascolaires à choisir :

- vos capacités financières ;
- vos disponibilités en temps ;
- ce que cette activité exige de votre part ;
- ce qu'elle exige de la part de votre enfant.

Cela fait, vous devez lui expliquer ce qu'implique le choix de chaque activité (temps à lui consacrer, etc.). Par la suite, lorsque le choix de l'activité est fait, il faut l'assumer. Cela veut dire qu'il faut franchir des obstacles, demeurer persévérant et faire face à la réussite ou à l'échec.

Pour votre part, vous devez aussi soutenir votre enfant dans ce processus sans faire les choses à sa place.

Favoriser l'autonomie de l'enfant, c'est donc le laisser exercer sa liberté tout en le protégeant mais sans le surprotéger. Voici des attitudes faisant appel à la protection et d'autres, à la surprotection.

L'ÂGE DE RAISON (de 6 à 8 ans)

Protection

- Superviser étroitement les devoirs et les leçons.
- Choisir avec soin la gardienne ou la garderie.
- Permettre à l'enfant de choisir ses vêtements.
- Interdire certaines émissions de télévision.
- Interdire à l'enfant de traverser une rue passante.

Surprotection

- Empêcher l'enfant d'aller jouer chez des amis.
- Exiger qu'il mange tout le contenu de son assiette.
- Refuser que l'enfant s'amuse avec un fusil-jouet.
- Interdire à l'enfant de sortir de la cour.
- S'empêcher de sortir pour éviter de faire garder l'enfant.

L'ÂGE DES RÈGLEMENTS (de 8 à 10 ans)

Protection

- Choisir avec soin sa gardienne.
- Refuser qu'il joue avec un enfant qui fait des mauvais coups.
- Imposer des règles pour la pratique de la bicyclette.
- Offrir une routine stable.
- Prévenir l'enfant des dangers possibles.

Surprotection

- Aider l'enfant à faire ses devoirs et à apprendre ses leçons.
- Coucher l'enfant en même temps qu'un autre enfant plus jeune.
- Interdire les bonbons.
- Choisir ses amis.
- Attendre l'autobus scolaire avec lui.

L'ÂGE DES HÉROS (de 10 à 12 ans)

Protection

- Laisser l'enfant répondre au téléphone.
- Avertir l'enfant des abus sexuels possibles.
- Exiger de savoir où il va jouer.
- Apprendre à l'enfant quelques recettes de cuisine faciles.

Surprotection

- Ne pas laisser l'enfant seul pour 15 minutes.
- Interdire toute émission où il y a de la violence.
- Refuser que l'enfant dorme chez un ami.
- Refuser qu'il aille dans un camp de vacances.
- Ne jamais lui demander de rendre un service gratuitement.

J'encourage mon enfant à relever des défis

Pour avoir le goût de relever un défi — ce que les enfants aiment faire habituellement —, votre enfant doit accepter d'avoir des limites, de faire des erreurs et de se tromper parfois. Il doit s'attendre à devoir consacrer du temps à son entreprise avant de réussir. Il doit aussi apprendre qu'il faut souvent recommencer, avoir le courage de s'affirmer et de prendre des risques.

De votre côté, lorsque vous voyez votre enfant en train de relever un défi à sa mesure (prendre l'autobus seul, faire une présentation orale, s'excuser auprès d'un voisin, etc.), il est important que vous réagissiez de manière à favoriser le développement de sa confiance en lui, selon les cas, vous devez le soutenir, le conseiller, le protéger, l'avertir, etc.

En premier lieu, il vous faut aider votre enfant à se fixer des buts réalistes. Pour cela, vous devez lui faire voir que ses buts doivent répondre à certains critères.

Un but doit être…

- *concevable* : il doit être possible de l'identifier clairement et de distinguer les différentes étapes à franchir pour l'atteindre ;

- *crédible* : il doit être lié à un système personnel de valeurs pour qu'on ait la certitude de pouvoir l'atteindre ;

- *atteignable* : il doit être atteignable avec ses propres forces, habiletés et capacités ;

- *contrôlable* : il faut pouvoir obtenir la collaboration d'une autre personne si cette présence nous paraît nécessaire ;

- *mesurable* : il doit être mesurable en temps et en énergies dépensées ;

- *désirable* : on doit vraiment désirer l'atteindre ;

- *clair* : il doit être précis et sans ambiguïté ;

- *constructif :* il doit permettre une croissance personnelle et servir aussi aux autres.

En résumé, il apparaît clairement qu'un but doit être simple, limité dans le temps et réalisable par étapes.

Il se peut que votre enfant vive présentement un problème. Il a de la difficulté, par exemple, à partager ses jouets ou à se faire des amis. Offrez-lui votre aide afin qu'il règle ce problème. Mais avant d'aborder un problème complexe, il est préférable de s'entraîner et de s'exercer à régler un problème mineur.

À ce sujet, de nombreux auteurs ont démontré l'importance d'une démarche cohérente pour résoudre les problèmes. Les enfants qui apprennent à utiliser une telle démarche prennent plus confiance en eux et se sentent plus compétents.

Les grandes étapes de la résolution de problème sont les suivantes* :

1. *Identifier le problème*

   Votre enfant doit pouvoir exprimer sa frustration et sa façon de voir le problème. Cela lui permet de cerner le problème et les objectifs à atteindre.

2. *Chercher les solutions possibles*

   Faites l'inventaire des solutions possibles avec votre enfant et ne portez pas de jugement sur ce qu'il propose.

3. *Choisir une solution*

   Aidez votre enfant à choisir une solution équitable et efficace.

4. *Mettre en place la solution*

   Encouragez votre enfant à agir en fonction de la décision prise.

---

* Inspiré de GORDON, Thomas. *Parents efficaces.* Montréal : Éditions du Jour, 1960.

5. *Évaluer les résultats*

Si la solution résout le problème, vous le félicitez. Sinon, vous envisagez une autre solution.

Pour réussir, il ne suffit pas de se donner un but et de relever le défi ; il faut aussi persévérer. Si vous prenez le temps d'observer votre enfant, vous saurez s'il est assez persévérant.

LA PERSÉVÉRANCE, C'EST...

- finir une activité qu'on entreprend ;

- chercher spontanément une solution à une difficulté ;

- devant un obstacle, ne pas se décourager facilement ;

- se percevoir positivement quand on se compare aux autres ;

- accepter spontanément lorsqu'on se fait demander un service ;

- ne pas se laisser facilement distraire lorsqu'on accomplit une tâche ;

- s'ajuster quand ses idées sont rejetées ;

- faire preuve de patience, même si le résultat tarde à venir ;

- être capable de réaliser par étapes ce qu'on se fait demander ;

- avoir confiance en ses capacités.

De votre observation, vous conclurez peut-être que vous avez un enfant persévérant et que vous avez avantage à l'être vous aussi. N'oubliez pas que votre enfant a quand même besoin de votre soutien. Il se peut aussi que vous constatiez que la persévérance de votre enfant fait souvent défaut ou qu'il est incapable de persévérer. Vous devrez trouver alors des moyens de le dépanner, de lui faire adopter des stratégies pour l'aider à acquérir de la persévérance.

Si vous faites preuve vous-même de persévérance, si vous n'abandonnez pas facilement, votre enfant aura tendance à vous imiter.

Je souligne les progrès de mon enfant

L'accomplissement des tâches dont nous sommes responsables exige que nous fassions des efforts. Qu'en est-il de votre enfant et que pouvez-vous découvrir des efforts qu'il déploie en l'observant ?

À LA MAISON, l'enfant…

- se lève de bonne humeur ;
- s'habille à temps ;
- mange bien aux repas ;
- assume les tâches demandées ;
- va au lit au moment fixé ;
- rentre à l'heure.

AU COURS DES TÂCHES SCOLAIRES, l'enfant…

- fait ses devoirs et leçons en temps opportun ;
- fait ses devoirs et leçons dans les délais prévus ;

- pense à apporter à la maison ses effets scolaires;

- pense à faire signer les documents scolaires;

- améliore ses résultats d'un bulletin à l'autre.

Durant les loisirs, l'enfant...

- va vers ses amis;

- quitte ses amis quand il le faut;

- partage;

- se réconcilie après une dispute;

- s'affirme.

Il convient peut-être d'oublier les moments où votre enfant n'a pas fait d'efforts et de retenir plutôt ceux où il en a fait. Félicitez-le et encouragez-le.

Il faut bien distinguer l'effort du résultat. En soulignant surtout les efforts, vous aidez l'enfant à préserver un sentiment de fierté qui est nécessaire à toute réussite. Lorsque votre enfant vit un échec ou une difficulté, revoyez avec lui les moyens qu'il a utilisés pour atteindre son but. Aidez-le à voir où est son erreur et encouragez-le à s'y prendre d'une autre façon.

Quand votre enfant réussit, il développe une plus grande confiance en lui et il peut courir le risque de chercher des solutions nouvelles à ses problèmes. Mais n'oubliez pas qu'il a toujours besoin de votre soutien et de vos encouragements. Il a besoin d'être guidé.

EXERCICE À FAIRE AVEC VOTRE ENFANT

Ce soir, à l'heure du coucher, dans un contexte chaleureux et détendu, reprenez avec votre enfant les événements de la journée en soulignant d'abord ce qui vous a fait plaisir dans ses attitudes et ce qui vous a été agréable dans ses comportements. Dites-lui votre fierté, votre amour ainsi que votre certitude que demain sera une belle journée pour vous deux.

Profitez, cette semaine, d'un moment de détente avec votre enfant (une promenade à bicyclette, une conversation à table) pour lui souligner les progrès qu'il a faits dernièrement. Ne parlez pas de résultats, mais de progrès. Dites-lui, par exemple, que vous trouvez qu'il s'est beaucoup amélioré dernièrement dans un domaine. Ajoutez: «C'est certainement agréable pour toi. Pour ma part, j'ai remarqué que je n'ai plus besoin de m'en occuper.»

Enfin, rappelez-vous les choses suivantes:

- il ne suffit pas d'encourager l'effort, il faut aussi le soutenir;

- le plaisir est compatible avec l'effort;

- il faut laisser votre enfant avoir de l'initiative;

- votre enfant est très sensible à vos réactions lorsqu'il court des risques;

- on ne peut pas vouloir à la place de l'enfant;

- encourager votre enfant, c'est lui donner de l'espoir en l'avenir;

- plus l'enfant est jeune, plus il a besoin d'un encouragement concret et immédiat.

J'encourage les talents de mon enfant

Votre enfant a des centres d'intérêt et des talents dans l'un ou l'autre des domaines suivants : artistique, sportif, intellectuel, social, culturel. Il vous appartient de l'encourager à exploiter ses talents, à s'en découvrir des nouveaux et à développer de nouveaux centres d'intérêt.

De même, vous êtes très bien placé pour favoriser chez votre enfant une ouverture d'esprit :

- en lui faisant découvrir différents lieux ;
- en lui donnant l'occasion de goûter différents aliments ;
- en lui faisant rencontrer plusieurs personnes différentes ;
- en soulignant positivement les différences entre les personnes ;
- en stimulant son imagination ;
- en l'aidant à réfléchir sur de nouvelles idées ;
- en l'encourageant à essayer des activités nouvelles ;
- en entretenant peu de préjugés ;
- en lui permettant de changer d'idée ;
- en décourageant la critique négative.

En faisant preuve de souplesse et d'ouverture d'esprit, vous encouragez votre enfant dans cette voie. N'hésitez donc pas à lui proposer des activités nouvelles.

L'inconnu est, en soi, chargé d'insécurité. Une bonne façon de diminuer cette insécurité consiste à essayer d'envisager plusieurs solutions. Dans les histoires, les enfants aiment s'identifier aux personnages. Raconter une histoire à son enfant offre une occasion privilégiée de stimuler son imagination et de lui apprendre de nouvelles choses.

Voici une histoire que vous pourriez lire à votre enfant en lui demandant de trouver trois façons de la terminer.

«Il était une fois… un petit garçon nommé Pipo et une petite fille nommée Pinoche qui étaient en vacances avec leurs parents dans la nature. Un beau matin, les enfants décident d'aller explorer les environs, sachant qu'il y a dans la forêt un coin magique où se trouvent des petits lutins. Ils prennent un sentier, mais s'en éloignent rapidement. Au loin, ils voient une cabane abandonnée. Chemin faisant, ils longent un ruisseau dans lequel pêchent un père et son fils. Ils rencontrent aussi quelques lapins et une belette. Au bout d'un moment, ils renoncent à trouver le coin magique et décident de revenir auprès de leurs parents. Ils marchent longtemps et se retrouvent dans une clairière sans savoir quelle direction prendre. Pipo et Pinoche décident de mettre toutes leurs idées ensemble pour s'en sortir…(à compléter)»

Des attitudes à cultiver

- La souplesse est l'un des signes les plus certains de santé mentale.
- Souplesse ne veut pas dire démission ou incapacité à choisir.
- Celui qui a l'esprit ouvert est capable de sortir du connu.
- Prendre des risques peut permettre de reculer ses limites personnelles.

Chaque enfant naît avec un potentiel créateur. Il est naturellement curieux, inventif et imaginatif. Cependant, pour lui permettre d'actualiser ce potentiel, nous devons lui offrir un environnement qui favorise, encourage et stimule ses capacités créatrices. Il nous faut stimuler sa créativité. Voici quelques attitudes que vous pourriez adopter pour l'encourager dans l'expression artistique :

- permettre à votre enfant d'organiser un spectacle, d'inventer un jeu ou une histoire ;
- lui donner la possibilité d'explorer le monde et ne pas lui offrir trop de jouets ;
- dans la mesure du possible, le laisser découvrir les choses par lui-même ;
- aménager un espace bien à lui afin qu'il puisse y exercer ses activités créatrices, s'y reposer et réfléchir ;
- toujours se souvenir qu'un enfant créateur se salit fréquemment.

Je préserve le sentiment de fierté de mon enfant

La fierté correspond au besoin que l'on a d'être respecté dans notre amour-propre. Nous ressentons de la fierté quand nous sommes satisfaits du travail accompli, quand nous avons le courage de relever un défi et, de façon générale, quand nous nous dépassons.

Un parent dont la fierté est blessée a beaucoup de difficulté à valoriser son enfant. De même, il arrive parfois qu'un échec de l'enfant atteigne le parent dans son orgueil. De là la nécessité de départager les sentiments ; ce n'est pas une tâche facile, mais elle est nécessaire si l'on ne veut pas nuire à la bonne estime de soi de l'enfant.

En pensant à vos sentiments à l'égard de votre enfant, demandez-vous s'il vous déçoit et si vous avez de la difficulté à lui faire confiance ou si vous croyez qu'il mérite votre confiance et que ça vaut la peine de l'encourager. Cet exercice de discrimination vous permettra notamment de vous rappeler quand et comment votre enfant vous a rendu fier de lui et de lui exprimer cette fierté. Pour vous aider, demandez à votre enfant ce qui le rend fier de lui dans les actions qu'il accomplit à la maison, dans ses relations avec ses amis, dans son travail à l'école et dans ses défis personnels.

Il est normal d'être touché par les succès et les échecs de nos enfants, mais il est important de toujours sauvegarder leur fierté. Cela ne veut pas dire qu'il faut accepter n'importe quoi de leur part; mais cela signifie que nous devons leur transmettre nos messages de façon positive.

J'aide mon enfant à voir l'avenir avec optimisme

Connaissez-vous l'effet Pygmalion? Dans la mythologie grecque, Pygmalion sculpta une femme dans l'ivoire et en tomba amoureux. On parle depuis de l'effet Pygmalion lorsqu'une personne se sent obligée de correspondre à l'image qu'on se fait d'elle.

Ainsi, si on prédit qu'un enfant aura de la difficulté à l'école et si on aborde souvent ce sujet devant lui, il y a de fortes chances que cela se réalise. En fait, tout se passe comme si notre peur et notre conviction étaient transmises à l'enfant et que ce dernier n'avait d'autre choix que de s'y conformer.

Lorsqu'on parle à un enfant de son avenir, on doit le faire avec optimisme, de manière positive. Lorsqu'on s'exprime devant lui, on doit mettre l'accent sur ses forces qui, lui fait-on remarquer, l'aideront à affronter ses difficultés.

Chacun, comme parent, a des inquiétudes qui sont parfois justifiées et qui parfois ne le sont pas. Aussi, lorsqu'on parle de nos craintes à nos enfants, il est important de mentionner en même temps une ou deux solutions possibles.

Les parents influencent grandement les habitudes verbales des enfants. Voici une série d'affirmations qui traduisent différentes façons de voir la vie et, en quelque sorte, l'avenir.

Affirmations positives

- Je suis capable.
- Je vais chez mon amie pour jouer, ça va être super.
- Je suis habile avec le ballon.
- Je suis habile sur ma bicyclette.
- C'est moi qui vais le faire, tu me l'as promis.

Affirmations neutres

- Comment fait-on ça ?
- J'aime ça jouer avec lui.
- J'ai un beau ballon.
- Maman, regarde, je suis tout en haut de l'arbre.
- Veux-tu me laisser passer en premier ?

Affirmations négatives

- Je ne suis pas capable.
- Peut-être que mon ami ne voudra pas jouer avec moi.
- Je suis nul au ballon.
- Maman, je ne veux plus faire de bicyclette, je tombe tout le temps.
- Papa, veux-tu le faire pour moi, c'est trop difficile.

Vous devriez vous fixer comme objectif d'encourager votre enfant à parler de lui en termes positifs et à s'affirmer de la même façon. Les affirmations négatives sont des jugements d'incompétence. Quant au fait de pleurer, d'être fâché, d'être déçu, d'avoir honte ou de se sentir inquiet... et le dire, ce n'est pas s'affirmer négativement, c'est s'exprimer avec sincérité.

Saviez-vous que...

- Le développement de l'estime de soi est favorisé par le sentiment d'être accepté et respecté, par le fait d'avoir des limites clairement définies, de faire face à des défis raisonnables et de développer des mécanismes de défense adéquats pour affronter l'adversité.

- « Il y a diverses manières d'encourager. Chaque fois que nous soutenons l'enfant dans une conception personnelle, courageuse et confiante, nous lui apportons un encouragement. Le flatter est inutile. La première question qui doit nous venir à l'esprit est de savoir si notre méthode l'aidera à développer l'estime qu'il a de lui-même. » (R. Dreikurs)

- Un enfant a toujours besoin du soutien de ses parents, qu'il vive peu ou beaucoup de succès.

- Un enfant qui a une bonne estime de soi a confiance en sa capacité de résoudre ses problèmes. Il connaît aussi ses limites et peut demander de l'aide au besoin.

- Des recherches ont démontré qu'un enfant qui a une bonne estime de lui-même réussit mieux à l'école.

• Les parents qui ont une attitude positive permettent à leur enfant de relever des défis à sa mesure.

• La pensée a un effet sur le comportement. Un enfant qui se dit « capable » a plus de chances de réussir qu'un autre qui se déclare « incapable ».

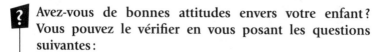

Avez-vous de bonnes attitudes envers votre enfant ? Vous pouvez le vérifier en vous posant les questions suivantes :

Est-ce que...

• j'ai des attentes réalistes envers mon enfant ?

• j'exprime à mon enfant la fierté que j'éprouve à son égard ?

• j'encourage le sens de l'initiative chez mon enfant ?

• je favorise son autonomie en lui donnant des responsabilités à sa mesure ?

• j'évite de le surprotéger ?

• j'ai confiance en mon enfant lorsqu'il entreprend une nouvelle tâche ?

• je lui lance parfois des défis ?

• je lui enseigne des stratégies qui l'aideront à atteindre ses buts ?

• j'aide mon enfant à développer ses talents ?

• je favorise sa créativité ?

Conclusion

▼

Votre désir le plus cher est de réussir l'éducation de votre enfant. Pour vous aider à atteindre ce but, nous vous avons proposé une démarche qui devrait vous permettre de mieux comprendre ce qui se passe dans votre relation avec lui. Vos attitudes et vos comportements ont une influence directe sur le développement de son estime de soi. Il est donc primordial de mettre en place chaque jour des conditions favorables à sa croissance et à son épanouissement personnel.

Connaître votre enfant et le reconnaître, c'est être réceptif à ce qu'il fait et dit, c'est prendre le temps de l'observer, c'est reconnaître ses forces et ses qualités, c'est lui donner de l'importance et du feed-back, c'est lui consacrer un temps de qualité. De cet échange peut naître un véritable dialogue où parent et enfant se sentent reconnus.

Traiter votre enfant avec considération et respect, c'est d'abord se respecter soi-même. Cela signifie que vous créez un cadre de vie qui tient compte des besoins particuliers de votre enfant et que vous n'oubliez pas les vôtres en chemin. C'est savoir mettre des limites adéquates et proposer une discipline où les attentes sont clairement exprimées. C'est aussi répondre aux besoins de dépendance de votre enfant sans le surprotéger et c'est laisser naître en lui le désir, cette source d'énergie à laquelle il puisera sans cesse pour se mobiliser. Enfin, c'est être respectueux des paroles et des gestes de l'enfant.

Intégrer votre enfant dans la famille, le groupe, la société, c'est lui apprendre à s'ouvrir aux autres tout en l'aidant à développer sa confiance en sa valeur personnelle et à accepter une diversité d'idées et d'actions sans se sentir menacé. C'est aussi faire en sorte qu'il soit capable de compromis tout en prenant sa place et en rendant service aux autres.

Faire vivre à votre enfant des succès, c'est lui apprendre à se fixer des buts réalistes et c'est l'initier à des expériences nouvelles et enrichissantes. C'est l'amener à développer son jugement, c'est encourager son autonomie et sa créativité, et c'est l'accompagner dans son cheminement.

En tant que parents, nous pouvons développer l'estime de soi de nos enfants à la seule condition de travailler sans cesse à construire notre propre estime de nous-mêmes. Les parents d'aujourd'hui sont en rupture avec le passé. Il n'y a plus de rituel de passage, il n'y a plus de modèle, et cela contribue au sentiment d'incompétence et d'impuissance que connaissent beaucoup de parents.

Pourtant, nous cherchons tous à être de bons parents. Nous sommes de plus en plus conscients de l'impact que nos comportements et nos attitudes ont sur nos enfants et, en même temps, nous nous culpabilisons beaucoup. Cela n'est pas sans affecter notre spontanéité et notre capacité de faire confiance à notre intelligence et à notre intuition.

Être un parent compétent ou « acceptable », comme l'a si bien dit Bruno Bettelheim, est l'affaire de toute une vie. Les enfants nous ramènent sans cesse à nos vulnérabilités et à nos limites. Ils font aussi ressortir nos forces et nos ressources de patience, de tolérance et d'amour. À nous de miser là-dessus !

L'ESTIME DE SOI DE NOS ENFANTS*

▼

On ne peut laisser un plus bel héritage à nos enfants que celui de les avoir aidés à développer leur estime de soi. La conscience de sa valeur personnelle constitue, en effet, un trésor dans lequel l'enfant pourra toujours puiser pour affronter les inévitables difficultés de la vie.

Tout individu doit utiliser les forces qu'il possède pour surmonter les épreuves de la vie. Mais encore faut-il être conscient de celles que l'on a ! Nous considérons donc que la première tâche des parents et des enseignants consiste à aider l'enfant à prendre conscience de ses ressources et de ses forces.

L'estime de soi est une protection contre la dépression et les difficultés d'adaptation et d'apprentissage. Elle se construit sur la base des relations d'attachement et de complicité que chacun vit, et ce sont ces mêmes relations qui permettent à l'estime de soi de durer dans le temps. En grandissant, l'enfant peut à son tour favoriser l'estime de soi chez les autres, car il peut s'appuyer sur la sienne. L'estime de soi est le plus beau cadeau que l'on puisse se transmettre d'une génération à l'autre.

---

*Tiré de DUCLOS, Germain et Danielle LAPORTE. *Du côté des enfants, volume III.* Montréal : Éditions de l'Hôpital Sainte-Justine, 1995.

Qu'est-ce que l'estime de soi?

Chaque individu se fait une idée de lui-même et se forge, au fil de ses expériences, une image de soi qui fluctue et varie considérablement. Des recherches récentes démontrent que cet autoportrait change tout au long de la vie et qu'il continue à se modifier même après 80 ans.

L'estime de soi, c'est la valeur positive qu'on se reconnaît comme individu de façon globale ainsi que dans chacun des domaines importants de la vie. On peut avoir une bonne estime de soi comme travailleur, mais une image de soi très faible comme parent ou comme amant ou amante.

On ne naît pas avec une image de soi toute faite. Les enfants apprennent d'abord à se voir dans les yeux des personnes qui sont importantes pour eux : leurs parents, leurs frères et sœurs, leurs enseignants et enseignantes et, enfin, leurs amis.

Lorsque, bébé, l'enfant s'aperçoit qu'on répond à ses pleurs et qu'on le dorlote, il construit le sentiment intérieur de son importance. Quand, à 2 ans, il s'oppose et s'affirme et qu'on lui permet de faire des choix, il construit le sentiment intérieur d'être «capable». Vers 4 ans, lorsqu'il se pavane en voulant dire «Regarde comme je suis beau (ou belle)!» et qu'on lui reconnaît une valeur en tant que garçon ou fille, il construit le sentiment intérieur d'être suffisamment intéressant pour prendre sa place. À 6 ans, quand il s'intéresse à des apprentissages plus intellectuels et qu'on lui souligne ses capacités réelles, il construit le sentiment intérieur d'être compétent.

L'estime de soi, c'est cette petite flamme qui fait briller le regard lorsqu'on est fier de soi. Mais cette flamme peut facilement vaciller et même s'éteindre si elle est exposée au vent mauvais des sarcasmes et des critiques!

Insuffler un sentiment de confiance

La confiance est une attitude fondamentale dans la vie. Elle nous permet de nous rassurer, de créer un état de détente et de bien-être ainsi que d'envisager la vie avec optimisme. Cette attitude de base n'apparaît pas soudainement au cours du développement. Elle se construit graduellement, au fil des années, des relations d'attachement et des expériences significatives. Autant chez l'adulte que chez l'enfant, le sentiment de confiance varie au cours de l'existence ; il connaît des progressions subites ainsi que des régressions temporaires. Notons que le noyau archaïque de l'estime de soi prend surtout sa source dans les relations d'attachement qui suscitent un sentiment de confiance.

Tout adulte ou tout enfant qui se sent aimé de façon permanente, même par une seule personne, est amené à se percevoir comme étant une personne aimable et un être qui a une valeur propre. Lorsque ce sentiment rassurant est intériorisé, tout devient possible ! En effet, on peut se dire : « J'ai été aimé par cette personne, il m'est donc dorénavant possible d'être aimé par d'autres. » C'est la confiance qui engendre cet optimisme.

À la maison comme à l'école, cette confiance ne peut s'établir que si l'enfant éprouve un sentiment de sécurité physique et psychologique. Dans la pyramide des besoins essentiels élaborée par Abraham Maslow, le besoin de sécurité vient en deuxième place, tout de suite après les besoins de survie (être nourri, habillé, logé, etc.). Chaque être humain consacre beaucoup d'énergie à assurer ce besoin de sécurité.

L'enfant éprouve un sentiment de sécurité quand il a une vie stable dans le temps et dans l'espace et, surtout, quand les personnes qui ont de l'importance pour lui sont régulièrement présentes. Ainsi, à l'école, les activités doivent se dérouler selon des horaires réguliers et dans des lieux qui sont toujours les mêmes. À la maison, on doit autant que possible établir et respecter des routines de vie stables (repas, coucher, lever). Les enfants, surtout les plus jeunes, vont développer un sentiment d'insécurité s'il y a trop de déménagements ou s'il se produit un trop grand nombre de changements majeurs dans la vie familiale.

En cours d'année scolaire, l'instabilité chez les enseignants crée de l'insécurité chez bon nombre d'enfants. La même chose peut se produire si les parents ont un horaire de travail variable et une disponibilité fluctuante de même que s'ils font appel à un trop grand nombre de gardiennes.

Pour acquérir une autodiscipline

Dès ses premiers mois de vie, l'enfant apprend graduellement à maîtriser son environnement physique et humain. Au cours de ses explorations, il doit être protégé des dangers et il doit apprendre à connaître les limites de son milieu. Il est essentiel qu'il en vienne à distinguer les comportements qui sont permis de ceux qui sont interdits dans son environnement physique et humain. Il doit apprendre, et ceci se vit parfois péniblement, à régulariser et à adapter ses conduites en fonction des réalités qui l'entourent. Cette autodiscipline s'acquiert sur une longue période, soit de la petite enfance jusqu'à l'adolescence.

Il est tout à fait normal qu'un enfant fonctionne surtout sur le mode du plaisir et il est aussi naturel qu'il cherche à manipuler l'adulte pour satisfaire ses désirs. Mais il est moins normal que ce dernier le laisse faire ou se laisse prendre au piège. En effet, une telle situation révèle d'abord l'existence d'une difficulté chez l'adulte. L'enfant ne peut pas maîtriser son comportement s'il n'y a pas eu, au préalable, de contrôle externe exercé par les adultes. Au cours des années, nous avons constaté que les enfants qui souffraient le plus d'insécurité étaient ceux envers qui on avait adopté une attitude de laisser-faire ou d'indifférence. Il est important que l'enfant se sente protégé contre les dangers physiques et psychologiques aussi bien à la maison qu'à l'école. S'il ne sent pas que cette protection existe, il dépensera beaucoup d'énergie à se retrancher dans une position défensive afin de prévenir les dangers. Et il ne pourra pas investir cette énergie dans des relations positives avec les autres ou dans des apprentissages.

Des règles de conduite

Que ce soit à l'école ou à la maison, il est important que les adultes élaborent des règles de conduite. Ces règles, qui sont nécessaires pour amener l'enfant à intérioriser une autodiscipline et un sentiment de sécurité, doivent comporter un certain nombre de caractéristiques.

Ces règles doivent être **claires**, car elles véhiculent les valeurs éducatives (respect de soi, des autres ou de l'environnement) qu'on veut transmettre aux enfants. Il est donc important que les parents et les enseignants précisent les valeurs qu'ils considèrent importantes pour l'éducation de l'enfant et qu'il y ait une adhésion commune à ces valeurs.

Ces règles doivent être **concrètes**, c'est-à-dire être établies en fonction d'actions qu'on veut voir se réaliser. Ainsi, il est plus concret de demander à un enfant de ranger son linge dans les tiroirs que de lui dire de faire le ménage de sa chambre. À l'école, le respect de l'environnement doit s'exprimer dans une consigne concrète comme, par exemple, celle de jeter les papiers dans une poubelle.

Ces règles doivent être **constantes** et leur application ne doit pas varier selon les pulsions et les humeurs de l'adulte.

C'est ce que parents et enseignants ont le plus de difficultés à réaliser. Pour cette raison comme pour d'autres, il est important de n'avoir qu'un nombre réduit de règles à faire appliquer (des recherches ont déterminé que les enfants peuvent intégrer cinq règles à la fois). La constance et la fermeté prennent un sens positif quand l'adulte ne perd pas de vue les valeurs qu'il veut transmettre. Toutefois, fermeté ne signifie pas rigidité. On peut, par exemple, suspendre exceptionnellement une règle lors d'un événement spécial, mais on doit faire comprendre à l'enfant qu'il s'agit d'un privilège et que la règle sera bientôt remise en vigueur. La constance rassure beaucoup les enfants, car elle leur permet de percevoir les adultes comme étant fiables et dignes de confiance.

Ces règles doivent être **conséquentes**. Les enfants ont tous, à des degrés divers, une propension à transgresser les règles. Il est donc important qu'ils assument les conséquences logiques qui découlent de leurs écarts de conduite. Ces conséquences doivent être liées étroitement à l'acte inacceptable. Prenons, pour exemple, le cas d'un enfant qui agresse physiquement ou verbalement un camarade ; on peut décider que, pour réparer sa faute, il doit lui rendre un service. Dans le cas d'un élève qui nuit à son groupe par son comportement, il devra assumer après coup une responsabilité qui aide le groupe.

Ces règles doivent être **congruentes**. En effet, il est essentiel que l'adulte témoigne par l'exemple et agisse lui-même en fonction des valeurs qu'il veut transmettre à l'enfant. Il s'agit là d'un grand témoignage de crédibilité et cela inspire la confiance.

Le sentiment de confiance prend sa source dans la sécurité de base que recèle la relation d'attachement et il se consolide quand les adultes tiennent leurs promesses. L'enfant peut tolérer un délai entre son désir et la satisfaction de ce désir quand il a déjà pu constater que les adultes tiennent leurs promesses et qu'il obtiendra satisfaction. Les adultes sont alors perçus comme des êtres fiables, sécurisants et dignes de confiance. C'est à cette condition que l'enfant en arrive à intérioriser cette confiance qui peut seule lui donner l'espoir en l'avenir.

Le sentiment de confiance qui se manifeste chez l'enfant par des états de détente, de bien-être et d'optimisme est, en quelque sorte, le résultat d'une contagion. En effet, les parents doivent d'abord parvenir à se faire confiance à eux-mêmes avant de pouvoir transmettre cette attitude à leurs enfants. Dans cette optique, il s'avère important que les parents et les enseignants apprennent à gérer leur stress et à réduire leurs doutes quant à leurs capacités éducatives s'ils veulent transmettre un sentiment de sécurité et de confiance aux enfants. En d'autres mots, on peut dire qu'ils doivent d'abord s'occuper d'eux pour que les jeunes puissent en profiter !

Reconnaître la valeur personnelle de chacun

« Si vous donnez forme à ce qui est en vous, ce à quoi vous aurez donné forme vous sauvera. Si vous ne donnez pas forme à ce qui est en vous, ce à quoi vous n'aurez pas donné forme vous détruira. » (Hammadi, 1992).

Les adultes, parents et enseignants, ont beaucoup d'attentes envers les enfants et sont souvent déçus lorsque ceux-ci ne sont pas à la hauteur de leurs espérances. Pourquoi attachons-nous tant d'importance à la performance et pourquoi suivons-nous le développement de nos enfants à la loupe ? Est-ce parce qu'ils sont notre espérance de pouvoir tout recommencer et notre espoir de tout réussir ? Il faut faire attention à cette attitude. Les enfants nous ressemblent, mais ils sont aussi différents. Nous n'avons pas toujours le recul nécessaire pour les voir tels qu'ils sont.

Un enfant veut d'abord et avant tout être aimé et il est prêt à faire bien des choses pour cela, même à renier sa nature profonde. Mais il faut savoir aussi qu'il est impossible d'être bien dans sa peau si on n'est pas soi-même. L'enfant qui n'est jamais satisfait de lui, qui se critique, qui détruit ses dessins, qui panique s'il n'obtient pas la meilleur note à l'école, celui-là croit au fond de lui-même qu'il ne peut être aimé que s'il est parfait. Les adultes autour de lui n'expriment peut-être pas clairement cette exigence, mais ils sont eux-mêmes perfectionnistes et intransigeants pour eux et pour les autres. L'enfant conclut qu'il est toujours en deçà de ce qu'on souhaite secrètement de lui et il peut facilement développer des symptômes liés au stress (maux de cœur, de ventre, insomnie, etc.) et, surtout, des sentiments dépressifs.

Il y a un autre type d'enfant qui a une faible estime de soi. C'est celui qui n'est pas investi, c'est-à-dire pour lequel on n'a ni désirs ni attentes et qui est toujours de trop. Il est bien difficile de savoir qui on est si personne ne nous «voit» vraiment! Et cet enfant se dit: «Il ne sert à rien de faire des efforts, d'être gentil ou habile puisque je ne vaux pas la peine qu'on s'occupe de moi.» La majorité des enfants se retrouvent entre ces deux extrêmes qu'on vient de décrire et ils cherchent constamment à se définir en se basant sur les réactions qu'on a à leur égard.

Savoir qui on est constitue l'histoire d'une vie! Et cette histoire commence dès la petite enfance! Regardez bien votre enfant ou votre élève. Choisissez le garçon ou la fille qui vous cause le plus de soucis et décrivez cet enfant à un autre adulte en ne soulignant que ses qualités. Êtes-vous capable de lui reconnaître trois ou quatre qualités? Il se peut que cela soit difficile et que vous constatiez que ce sont plutôt ses défauts ou ses difficultés qui vous viennent immédiatement à l'esprit.

Souligner les valeurs personnelles

Notre éducation a mis l'accent sur le péché, sur les lacunes et sur les fautes. Elle nous a donné des réflexes qui sont bien ancrés en nous et qu'on peut illustrer par les phrases suivantes : « Il ne marche pas et il a un an ! —Elle ne connaît pas son alphabet malgré des mois de répétition !— Il est toujours de mauvaise humeur ! —Elle ne range jamais sa chambre ! » Les « toujours » et les « jamais » sont, en particulier, des mots à proscrire, car ils nous enferment dans des carcans, nous rendent impuissants et nous empêchent de changer.

Nous aimons nos enfants et nos élèves, mais nous ne prenons pas souvent le temps de les regarder comme ils sont, préférant voir ce qu'ils font. Il faut donc prendre le temps d'observer son enfant ou l'un de ses élèves et de trouver ses forces dans les domaines suivants : physique (force, souplesse, endurance, etc.), intellectuel (curiosité, jugement, mémoire, raisonnement, etc.), social (facilité de se faire des amis, capacité de partager, de s'affirmer, etc.) et personnel (générosité, originalité, imagination, etc.). Nous nous limitons souvent à un ou deux domaines parce que ce sont ceux que nous valorisons, mais ce ne sont pas nécessairement ceux qui décrivent le mieux l'enfant auquel on a affaire.

Il ne suffit pas d'avoir conscience des forces de l'enfant, il faut aussi les lui souligner ! Prenez le temps, le soir avant le coucher ou juste avant d'entrer en classe, de lui dire un mot gentil qui lui fait comprendre que vous connaissez ses forces et que vous reconnaissez qu'il est un être unique et merveilleux à bien des égards. Mais faites attention, à ce moment-là, de ne pas défaire ce que vous avez construit et de lui dire, par exemple : « Martin, je trouve que tu as un très beau sourire, mais je serais plus content si tu étais plus gentil avec Sophie. »

Il y a des mots qui sont comme des caresses et qui chatouillent la peau, mais il y en a d'autres qui blessent et qui écorchent l'âme. Il est extrêmement important de parler de façon respectueuse aux enfants. Les petits sobriquets à connotation négative, même s'ils sont employés sans agressivité, finissent par nourrir le monologue intérieur de l'enfant et lui donner le sentiment d'être différent des autres et d'être moins bien qu'eux. On peut avantageusement remplacer Bouboule et Petit monstre par Trésor et Mon cœur…

Les critiques fréquentes, les remarques acerbes, les jugements à l'emporte-pièce sont autant de petits coups de poignard dans le cœur. Les « Mon Dieu que tu es niaiseux ! Dépêche-toi d'en finir ! — Tu n'as pas d'allure, ôte-toi de là ! » peuvent se transformer en « On dirait que tu trouves ça difficile ! — Si tu as besoin d'aide, tu me le diras ! — Tu recommenceras demain, je vais te montrer un truc facile ! »

De même, il suffit souvent de reconnaître les sentiments de l'enfant pour lui redonner confiance en lui : « Ça te fâche quand tu ne réussis pas du premier coup, hein ? — Ça te fait de la peine que ton amie te laisse tomber ! » Lorsqu'on est sur le point de perdre ses moyens et son calme, on peut aussi éviter les attaques verbales en parlant à la première personne. Ainsi, au lieu de dire : « Tu as encore oublié de sortir les déchets, tu n'écoutes jamais quand je parle ! », on peut dire : « Je suis déçue, je m'attendais à ce que les déchets soient sortis. »

On peut également souligner la valeur personnelle de l'enfant en lui montrant concrètement à quel point on l'apprécie et on l'aime. En le cajolant, en jouant avec lui ou en lui faisant de petites surprises, selon ce qu'on aime faire. L'important, c'est de trouver sa propre façon d'avoir du plaisir et d'être complice de l'enfant. Pour cela, il faut lui consacrer du temps… et être vraiment avec lui !

Avoir une bonne estime de soi, ce n'est pas « se prendre pour un autre ». Au contraire, c'est se connaître de façon réaliste et c'est connaître ses forces et ses limites. Les adultes qui crient au génie à chaque fois que l'enfant accomplit quelque chose, même si cela est carrément mauvais, ne lui rendent pas service. Ils contribuent à l'illusionner sur lui-même, et les autres auront vite fait de lui enlever ses illusions.

Favoriser la présence des amis et l'appartenance à un groupe

Tout être humain est d'abord et avant tout un être social. Chacun a besoin d'un compagnon ou d'une compagne, du moins de façon sporadique, ainsi que d'amis. Parler, rire, chanter, philosopher et bouger avec d'autres, tout cela donne un sentiment de complétude et rend heureux. Dans l'adversité, les amis sont inconditionnellement de notre côté et servent de rempart contre la peur de la solitude. Être aimé, apprécié, considéré, cela nous aide à faire face à bien des situations ! Ce que les autres nous disent, la façon dont ils nous regardent et nous écoutent, bref, la façon dont ils nous considèrent, tout cela nous aide à nous définir et nous donne le goût d'améliorer certaines de nos attitudes.

Dès 2 ans, l'enfant adore déjà être en présence de petits comme lui, même s'il ne peut pas vraiment jouer avec eux. Il aime leur présence. Plus tard, à 4 ans, il réclame à grands cris des amis. Le parent le plus patient, le plus disponible et le plus enjoué ne peut jamais être un ami aussi merveilleux qu'un autre enfant ! Se tirer les cheveux, s'arracher un jouet, apprendre à négocier et à partager, cela est essentiel au bien-être intérieur du petit.

À l'âge scolaire, le groupe d'amis du même sexe prend un autre sens. Malgré des décennies d'éducation donnée par des mères féministes, les garçons font des « affaires de garçons » et les filles s'occupent d'« affaires de filles ». En fait, chacun a besoin de définir clairement son identité sociale, ce qui se fait essentiellement en se comparant et en pratiquant des rôles bien campés.

Plus tard, à l'adolescence, les groupes deviennent mixtes. Au cours de cette période de la vie, les jeunes éprouvent un besoin impératif d'appartenir à un groupe, car cela leur permet de se distancier des parents et les aide à trouver leur identité propre.

Les enfants et les adolescents qui éprouvent des difficultés sociales, qui ne savent pas comment se faire des amis ou les garder, développent une mauvaise image d'eux-mêmes sur le plan social et se déprécient beaucoup. Des études ont montré que les enfants qui éprouvent des difficultés à se faire des amis et qui sont isolés au cours de leur première année à l'école risquent d'éprouver, à l'âge adulte, des problèmes sociaux importants. Il est donc primordial d'amener les enfants à développer des habiletés sociales dès leur jeune âge.

La fratrie est le premier groupe où se vivent des échanges, des négociations et des rivalités. Or, près de 47 p. 100 des enfants sont actuellement des enfants uniques. Ceux-ci ne connaissent évidemment pas les affres et les joies de la fratrie, mais ils ont, pour la plupart, connu la vie en groupe à la garderie ou à la pré-maternelle.

Au contact des parents et des enseignants

L'attitude des parents et des enseignants a un impact direct sur le processus de socialisation des jeunes. Au contact de ces adultes, ceux-ci apprennent à s'ouvrir aux autres, à accepter les différences, à pratiquer la tolérance et la confiance et à régler seuls la plupart des conflits de groupe ; cela leur donne le goût d'aller vers les autres et de s'affirmer positivement. Quand des enfants prennent des moyens inadéquats comme la violence et l'isolement pour s'adapter au groupe, les adultes doivent alors suggérer des attitudes qui sont en concordance avec des valeurs de démocratie, de négociation et de partage.

Lorsqu'on surprotège un enfant, on lui envoie le message suivant : « Je crois que tu es incapable de faire face à la musique, que tu es trop petit et trop faible. Je dois donc le faire à ta place. » L'enfant en arrive à penser qu'il doit constamment attendre des solutions de l'extérieur et qu'il ne peut s'intégrer à un groupe par ses propres moyens.

Il est nocif de toujours fournir des excuses aux enfants : « Ce n'est pas de ta faute, Louise n'est pas gentille, ne joue plus avec elle ! » De cette façon, on ne les aide pas à se percevoir de façon réaliste, à se poser des questions sur leurs propres comportements et à rechercher activement des stratégies sociales efficaces.

Les adultes qui ont eux-mêmes de la difficulté à faire confiance aux autres, à avoir du plaisir en groupe ou à garder des amis auront de la difficulté à aider leur enfant dans sa vie sociale. L'enfant apprend par imitation et par identification aux personnes qui sont significatives pour lui. Voilà encore une occasion qu'ont les adultes de s'améliorer eux-mêmes !

Apprendre la générosité aux enfants les aide à s'insérer dans la société et à développer une bonne image d'eux-mêmes. Les gestes gratuits, l'entraide et la compassion font qu'on se sent bon à l'intérieur de soi ! En habituant un enfant à rendre service de temps à autre, on lui fait prendre conscience des relations entre les humains et on lui fait vivre le bonheur de donner.

Développer le sentiment de compétence

L'enfant ne peut faire d'apprentissages moteurs, intellectuels et sociaux s'il n'a pas de succès dans ses entreprises. La réussite consolide les acquisitions tout en assurant leur conservation. Connaître du succès est un besoin fondamental chez tout être humain. Toutefois, il faut être conscient de ses qualités et de ses forces et avoir une certaine estime de soi pour espérer avoir du succès et être motivé. L'estime de soi est une attitude fondamentale qui est à la base du processus d'apprentissage.

En étant conscient de ses qualités et de ses habiletés, l'enfant peut imaginer à l'avance qu'il aura du succès dans une activité qu'il entreprend. Il est important qu'il se lance des défis « réalistes » et que l'adulte l'aide à se fixer des objectifs également « réalistes », c'est-à-dire adaptés à son niveau de développement et à ses capacités.

La motivation se définit par l'anticipation d'un plaisir qu'on retirera d'une activité ou par l'anticipation de l'utilité de cette activité. Si l'enfant échoue parce que l'objectif était trop élevé, il n'aura pas de plaisir, sera démotivé et s'estimera moins. En général, les échecs ne valorisent personne et diminuent l'estime de soi. Par contre, les erreurs peuvent être bénéfiques si elles sont utilisées positivement.

Avant de s'engager dans une activité qui le motive et afin d'être certain de persévérer, le jeune doit prévoir les étapes, les stratégies ou les moyens qu'il utilisera pour atteindre son objectif. Il est important que les parents ou l'enseignant le guident dans cette planification, mais sans lui imposer leur façon de faire. Pour planifier un travail, le jeune doit avoir une certaine autonomie, c'est-à-dire qu'il doit avoir la capacité de faire des choix et d'en assumer les conséquences positives et négatives.

L'enfant pourra faire preuve de persévérance en cours d'activité s'il ne perçoit pas ses erreurs comme des échecs. Il est très important que les parents ou les enseignants amènent l'enfant à comprendre que les erreurs sont inévitables et qu'elles sont aussi formatrices dans la mesure où elles nous amènent à trouver d'autres stratégies ou à faire appel à d'autres habiletés pour réussir. L'industriel américain Henry Ford disait que les erreurs sont de belles occasions pour devenir plus intelligent. À l'inverse, si les adultes sont obsédés par les résultats et s'ils n'accordent pas d'importance au processus par lequel l'enfant y est parvenu, ils lui feront vivre un véritable stress de performance. Dans ces conditions, l'enfant considérera ses erreurs comme des échecs et, en bout de ligne, il sera porté à démissionner et à se déprécier.

Il est très important que l'enfant comprenne que les résultats positifs ou négatifs de ses activités ne relèvent pas de la magie, mais qu'ils reflètent plutôt ses attitudes (motivation, autonomie, etc.) et qu'ils sont directement reliés aux stratégies et aux moyens qu'il a employés. On doit aussi lui faire prendre conscience qu'un résultat négatif ne remet pas en cause sa valeur personnelle ni son potentiel. Si on y arrive, l'enfant demeurera motivé et aura le sentiment de pouvoir contrôler lui-même ses apprentissages. Il deviendra un « apprenti-sage ».

Il est également très important d'aider le jeune à reconnaître ses erreurs pour qu'il puisse les corriger lui-même et éviter de les répéter.

En se centrant ainsi sur le processus d'apprentissage, en corrigeant ses erreurs et en ajustant ses stratégies en cours de route, l'enfant finit inévitablement par avoir du succès. Il se sent alors efficace, car il est conscient qu'il a adopté les bonnes attitudes et qu'il a choisi les bonnes stratégies. Il éprouve de la fierté et cela nourrit son estime de lui-même. Plus il réussit ce qu'il entreprend et plus il se sent efficace et fier de lui. Il développe ainsi le sentiment de sa compétence. Se sentir compétent, c'est être convaincu qu'on peut relever avec succès n'importe quel défi si l'on adopte les bonnes attitudes et les stratégies adéquates. Ce sentiment donne à l'enfant de l'espoir et de l'enthousiasme, et ouvre la porte à d'innombrables apprentissages.

Ce qui favorise l'estime de soi

- Être présent de façon chaleureuse auprès de l'enfant.
- Établir des règles familiales et scolaires peu nombreuses mais claires.
- Faire vivre des conséquences logiques et naturelles à la suite d'un manquement à ces règles.
- Contrôler les facteurs de stress chez l'enfant en préparant les changements, en minimisant leur nombre et en aidant l'enfant à trouver des façons de se calmer lorsqu'il est stressé.
- Être un adulte en qui on peut avoir confiance.
- Souligner les forces de l'enfant.
- Souligner ses difficultés en ménageant sa fierté et en lui donnant des moyens pour s'améliorer.
- Utiliser un langage valorisant.
- Favoriser l'expression des émotions.
- Permettre une ouverture aux autres.
- Encourager l'enfant à se faire des amis et à gérer lui-même les conflits.
- Susciter sa motivation.
- L'amener à comprendre que les résultats de ses entreprises sont les suites logiques des stratégies et des moyens qu'il a employés.
- L'amener à accepter les erreurs.

- L'aider à planifier et à être persévérant dans la poursuite de ses objectifs.
- L'inciter à se corriger lui-même.

Ce qui nuit à l'estime de soi

- Une pauvre estime de soi des parents ou des enseignants.
- L'inconstance dans l'application de la discipline.
- L'ambivalence.
- La surprotection.
- Le laisser-faire.
- Les mots qui blessent.
- Les critiques constantes des proches et des amis.
- Le découragement devant les difficultés.
- L'accent mis sur les difficultés plutôt que sur les forces.
- La perception des erreurs comme étant des échecs.
- Les attentes trop grandes ou pas assez importantes.
- Le manque de plaisir et de complicité avec l'enfant.

Ressources

▼

ANTIER, Edwige. *Confidences de parents: une nouvelle approche psychologique pour répondre à toutes vos interrogations.* Paris: Robert Laffont, 2002. 314 p. (Réponses)

BACUS, Anne. *Mon enfant a confiance en lui.* Alleur: Marabout, 1996. 160 p.

BACUS, Anne. *Toutes les questions au psy: des tout-petits aux adolescents.* Alleur: Marabout, 2001. 254 p.

BÉLANGER, Robert. *La jalousie entre frères et sœurs.* Saint-Laurent: Robert Bélanger, 1984. 143 p.

BÉLANGER, Robert. *Parents en perte d'autorité.* Saint-Laurent: Robert Bélanger, 1987. 143 p.

BÉLANGER, Robert. *Vinaigre ou miel: comment éduquer son enfant.* Lambton (Québec): Robert Bélanger, 1986. 354 p.

BETTELHEIM, Bruno. *Pour être des parents acceptables: une psychanalyse du jeu.* Paris: Hachette, 1998. 400 p.

BUZYN, Etty. *Papa, maman, laissez-moi le temps de rêver.* Paris: Albin Michel, 1995. 188 p.

BUZYN, Etty. *Me débrouiller, oui, mais pas tout seul!: du bon usage de l'autonomie.* Paris: Albin Michel, 2001. 180 p. (Questions de parents)

CÔTÉ, Charles. *La discipline en classe et à l'école.* Montréal: Guérin, 1992. 231 p.

CÔTÉ, Raoul. *La discipline familiale: une volonté à négocier.* Montréal: ASMS, 1999. 127 p.

DAY, Jennifer. *Les enfants croient tout ce que vous dites: aider les enfants à s'estimer eux-mêmes*. Thônex (Suisse): Vivez soleil, 1998. 191 p. (Développement personnel)

DOLTO, Françoise. *L'échec scolaire: essais sur l'éducation*. Paris: Pocket, 1990. 186 p.

DRIKURS, R. *Le défi de l'enfant*. Paris: Laffont. 1992

DUCLOS, Germain. *L'estime de soi, un passeport pour la vie*. Montréal: Éditions de l'Hôpital Sainte-Justine, 2000. 117 p. (Pour les parents)

DUCLOS, Germain, Danielle Laporte et Jacques Ross. *Les besoins et les défis des enfants de 6 à 12 ans: vivre en harmonie avec des apprentis sorciers*. Saint-Lambert: Héritage, 1994. 367 p. (Parent guide)

DYER, Wayne W. *Les dix commandements pour réussir l'éducation de vos enfants*. Paris: Belfond, 1988. 332 p.

ELKIND, David. *L'enfant stressé: celui qui grandit trop vite et trop tôt*. Montréal: Éditions de l'Homme, 1983. 204 p.

GEORGE, Gisèle. *Ces enfants malades du stress*. Paris: Éditions Anne Carrière, 2002. 183 p.

GORDON, Thomas. *Comment apprendre l'autodiscipline aux enfants*. Alleur: Marabout, 1992. 186 p.

GORDON, Thomas. *Parents efficaces au quotidien, tome 2*. Alleur: Marabout, 1999. 347 p.

LAPORTE, Danielle et Lise SÉVIGNY. *Comment développer l'estime de soi de nos enfants: guide pratique à l'intention des parents d'enfants de 6 à 12 ans*. Montréal: Éditions de l'Hôpital Sainte-Justine, 1998. 119 p. (Estime de soi)

LAWSON, Sarah. *Votre enfant est-il victime d'intimidation? Guide à l'usage des parents*. Montréal: Éditions de l'Homme, 1996. 158 p.

MAZIADE, Michel. *Guide pour parents inquiets: aimer sans se culpabiliser.* Sainte-Foy: La Liberté, 1988. 180 p.

OLIVIER, Christiane. *Peut-on être une bonne mère?* Paris: Fayard, 2000. 109 p.

OLIVIER, Christiane. *Petit livre à l'usage des pères.* Paris: Fayard, 2000. 109 p.

PECK, Ellen. *L'enfant unique. Enfant équilibré, parents heureux.* Paris: Seghers. 1978.

PURVES, Libby. *Comment ne pas élever des enfants parfaits: guide des 3 ans à 8 ans à l'intention des parents flemmards.* Paris: Pocket, 1997. 254 p.

RIGON, Emmanuelle. *Papa maman, j'y arriverai jamais!: comment l'estime de soi vient aux enfants.* Paris: Albin Michel, 2001. 181 p. (Questions de parents)

SÉVÉRIN, Gérard. *Que serais-je sans toi?* Paris: Albin Michel, 2001. 235 p.

Livres pour enfant

BEN KEMOUN, Hubert. *Nulle!* Paris: Casterman, 2002. 58 p. (Roman huit et plus) 8 ans +

DE SAINT-MARS, Dominique. *Lili se fait toujours gronder.* Fribourg: Calligram, 1999. 45 p. (Max et Lili / Ainsi va la vie) 6 ans +

DE SAINT-MARS, Dominique. *Lili se trouve moche.* Fribourg: Calligram, 1997. 45 p. (Max et Lili / Ainsi va la vie) 6 ans +

DE SAINT-MARS, Dominique. *Max est maladroit.* Fribourg: Calligram, 1996. 45 p. (Max et Lili / Ainsi va la vie) 6 ans +

GERVAIS, Jean. *Le concours.* Montréal: Boréal, 1998. 57 p. (Dominique) 9 ans +

KRISCHANITZ, Raoul. *Personne ne m'aime.* Zurich: Nord-Sud. 1999. 26 p. (Un livre d'images Nord-Sud) 6 ans+

MONNIER, Miriam. *Moi, c'est moi.* Zurich: Nord-Sud, 2001. 25 p. (Un livre d'image Nord-Sud) 6 ans +

PRUD'HOMME, Karmen. *Bonne année, Grand Nez.* Montréal: Hurtubise HMH, 1998. 111 p. (Atout) 9 ans +

Sites Internet

L'estime de soi
Adaptation d'une présentation de R. Reasoner
http://www.pedagonet.com/other/estime1.htm

L'estime de soi
AIDES. L'Association des intervenants et des intervenantes pour le développement de l'estime de soi
http://www.estimedesoi.org/

L'estime de soi de nos enfants
Les chroniques de Daniel Lambert, psychologue
http://www.webdlambert.com/estime-de-soi.html

Développer l'estime de soi de notre enfant
MokaSofa
http://www.mokasofa.ca/famille/theme/faire/02janvier28a.asp

Les enfants et l'estime de soi
Association canadienne pour la santé mentale
http://www.cmha.ca/french/mh_pamphlets/enfants_lestime.pdf

L'estime de soi: comment aider votre enfant à l'acquérir
PANDA, de la MRC l'Assomption
http://panda.cyberquebec.com/estime.html

L'estime de soi des parents
Association canadienne des programmes de ressources pour la famille
http://www.cfc-efc.ca/docs/cafrp/00001262.htm

L'allaitement maternel
*Comité pour la promotion
de l'allaitement maternel de l'Hôpital Sainte-Justine*
Le lait maternel est le meilleur aliment pour le bébé. Tous les conseils pratiques pour faire de l'allaitement une expérience réussie !
ISBN 2-921858-69-X   1999/104 p.

Apprivoiser l'hyperactivité et le déficit de l'attention
Colette Sauvé
Une gamme de moyens d'action dynamiques pour aider l'enfant hyperactif à s'épanouir dans sa famille et à l'école.
ISBN 2-921858-86-X   2000/96 p.

Au-delà de la déficience physique ou intellectuelle
Un enfant à découvrir
Francine Ferland
Comment ne pas laisser la déficience prendre toute la place dans la vie familiale ? Comment favoriser le développement de cet enfant et découvrir le plaisir avec lui ?
ISBN 2-922770-09-5   2001/232 p.

Au fil des jours... après l'accouchement
L'équipe de périnatalité de l'Hôpital Sainte-Justine
Un guide précieux pour répondre aux questions pratiques de la nouvelle accouchée et de sa famille durant les premiers mois suivant l'arrivée de bébé.
ISBN 2-922770-18-4   2001/96 p.

Au retour de l'école...
La place des parents dans l'apprentissage scolaire
Marie-Claude Béliveau
Une panoplie de moyens pour aider l'enfant à développer des stratégies d'apprentissage efficaces et à entretenir sa motivation.
ISBN 2-921858-94-0   2000/176 p.

En forme après bébé
Exercices et conseils
Chantale Dumoulin

Des exercices et des conseils judicieux pour aider la nouvelle maman à renforcer ses muscles et à retrouver une bonne posture.

ISBN 2-921858-79-7   2000/128 p.

En forme en attendant bébé
Exercices et conseils
Chantale Dumoulin

Des exercices et des conseils pratiques pour garder votre forme pendant la grossesse et pour vous préparer à la période postnatale.

ISBN 2-921858-97-5   2001/112 p.

L'enfant malade
Répercussions et espoirs
Johanne Boivin, Sylvain Palardy et Geneviève Tellier

Des témoignages et des pistes de réflexion pour mettre du baume sur cette cicatrice intérieure laissée en nous par la maladie de l'enfant.

ISBN2-921858-96-7   2000/96 p.

L'estime de soi des adolescents
Germain Duclos, Danielle Laporte et Jacques Ross

Comment faire vivre un sentiment de confiance à son adolescent ? Comment l'aider à se connaître ? Comment le guider dans la découverte de stratégies menant au succès ?

ISBN 2-922770-42-7   2002/96 p.

L'estime de soi des 6-12 ans
Danielle Laporte et Lise Sévigny

Une démarche simple pour apprendre à connaître son enfant et reconnaître ses forces et ses qualités, l'aider à s'intégrer et lui faire vivre des succès.

ISBN 2-922770-44-3   2002/112 p.

L'estime de soi, un passeport pour la vie
Germain Duclos
Pour développer des attitudes éducatives positives qui aideront l'enfant à acquérir une meilleure connaissance de sa valeur personnelle.
ISBN 2-921858-81-9   2000/128 p.

Et si on jouait?
Le jeu chez l'enfant de la naissance à 6 ans
Francine Ferland
Les différents aspects du jeu présentés aux parents et aux intervenants : information détaillée, nombreuses suggestions de matériel et d'activités.
ISBN 2-922770-36-2   2002/184 p.

Être parent, une affaire de cœur I
Danielle Laporte
Des textes pleins de sensibilité, qui invitent chaque parent à découvrir son enfant et à le soutenir dans son développement.
ISBN 2-921858-74-6   1999/144 p.

Être parent, une affaire de cœur II
Danielle Laporte
Une série de portraits saisissants : l'enfant timide, agressif, solitaire, fugueur, déprimé, etc.
ISBN 2-922770-05-2   2000/136 p.

Famille, qu'apportes-tu à l'enfant?
Michel Lemay
Une réflexion approfondie sur les fonctions de chaque protagoniste de la famille, père, mère, enfant... et les différentes situations familiales.
ISBN 2-922770-11-7   2001/216 p.

Guider mon enfant dans sa vie scolaire

Germain Duclos

Des réponses aux questions les plus importantes et les plus fréquentes que les parents posent à propos de la vie scolaire de leur enfant.

ISBN 2-922770-21-4   2001 / 248 p.

Les parents se séparent...

Pour mieux vivre la crise et aider son enfant

Richard Cloutier, Lorraine Filion et Harry Timmermans

Pour aider les parents en voie de rupture ou déjà séparés à garder espoir et mettre le cap sur la recherche de solutions.

ISBN 2-922770-12-5   2001 / 164 p.

La scoliose

Se préparer à la chirurgie

Julie Joncas et collaborateurs

Dans un style simple et clair, voici réunis tous les renseignements utiles sur la scoliose et les différentes étapes de la chirurgie correctrice.

ISBN 2-921858-85-1   2000 / 96 p.

Les troubles anxieux expliqués aux parents

Chantal Baron

Quelles sont les causes de ces maladies et que faire pour aider ceux qui en souffrent ? Comment les déceler et réagir le plus tôt possible ?

ISBN 2-922770-25-7   2001 / 88 p.

Les troubles d'apprentissage : comprendre et intervenir

Denise Destrempes-Marquez et Louise Lafleur

Un guide qui fournira aux parents des moyens concrets et réalistes pour mieux jouer leur rôle auprès de l'enfant ayant des difficultés d'apprentissage.

ISBN 2-921858-66-5   1999 / 128 p.

AGMV Marquis

MEMBRE DE SCABRINI MEDIA

Québec, Canada
2002